ANDREA SCANZI

SFASCISTONI

MANUALE DI RESISTENZA A TUTTE LE DESTRE

PaperFIRST

«Il fascismo non è un'opinione: è un crimine».
Sandro Pertini

Premessa. Ci è mancata Norimberga

Ci è mancata Norimberga

Il problema è che a noi c'è mancata Norimberga. L'Italia non ha mai fatto i conti col fascismo e con la sua memoria storica.

Il rischio supremo lo aveva già intuito Beppe Fenoglio. A fine guerra, che il grande scrittore albese aveva vissuto come partigiano e "ultimo passero sul ramo", a difesa e guardia della democrazia dall'usurpazione nazifascista, Fenoglio sottolineò più volte la mancanza di una seria "epurazione" fascista. Fenoglio temeva che quei fascisti si sarebbero di lì a poco riciclati, e dunque reinseriti, nelle istituzioni. Quel che poi è avvenuto.

Quella "epurazione", da intendersi qui non certo come giustizia sommaria bensì come effettiva applicazione della legge nei confronti dei criminali di guerra (famosi e no) fascisti, non accadde anche per via della miopia trinariciuta di Togliatti, che si oppose a strade in qualche modo analoghe a quelle del Processo di Norimberga.

Appunto: Norimberga.

Perché gli americani vollero quel processo? Per dare un senso ai loro morti. E per non dimenticare.

Dopo la morte di Franklin Delano Roosevelt e la nomina di Harry Truman come nuovo presidente, gli americani avvertivano il bisogno e l'urgenza di "giustificare" all'opinione pubblica il sacrificio dei quattrocentomila soldati caduti durante la Seconda guerra mondiale.

Era cioè necessario dimostrare agli americani che, di fatto, il conflitto bellico era stato "*il* conflitto". Ovvero la battaglia del Bene contro il Male assoluto. E loro avevano incarnato il Bene: uno schema brutalmente manicheo e tipicamente autoassolutorio degli americani, messo genialmente alla berlina da Giorgio Gaber e Sandro Luporini nel monologo *L'America*, ma che nel caso di Norimberga aveva piena ragion d'essere.

Non era però l'unico motivo del processo. Come ebbe poi a scrivere un membro americano dell'accusa: «Lo scopo del processo di Norimberga non era semplicemente condannare i leader della Germania nazista. La cosa più importante, almeno così mi sembrò, era tenere traccia per i posteri di ciò che aveva fatto il regime di Hitler».

Ecco: *tenere traccia*. E quindi coltivare la memoria. Quella che a noi manca. E oggi, una volta di più, avvertiamo i rischi e il dramma di un'afasia mnemonica così conclamata.

Sfascistoni è al tempo stesso un catalogo e un manuale. Catalogo di soggetti politicamente e moralmente irricevibili, che proliferano nella destra italiana oggi baciata dai consensi. E manuale di resistenza, perché a questa politica degenere e vomitevole occorre resistere. Si *deve* resistere.

Nelle prossime pagine troverete fascisti dichiarati e mascherati, macchiette e pesci piccoli, camerati e criminali. Qualcuno vi farà persino sorridere, molti altri vi faranno rabbia e basta. Quando non paura.

Ovviamente ci saranno anche Salvini e più ancora Meloni, i maggiori catalizzatori politici di questo fascismo di ritorno. Né l'uno né l'altra sono fascisti, ma a entrambi quel mondo nerissimo interessa parecchio. Lo cercano, lo titillano, lo corteggiano. Per poi far finta di nulla e cadere dal pero quando qualcuno – la solita "sinistra comunista e moralista" – glielo fa notare.

L'idea di *Sfascistoni* è antecedente all'inchiesta di Fanpage sulla Loggia Nera e alle violenze fasciste a Roma di sabato 9 ottobre. A dirla tutta non credevo (né speravo) che questo libro fosse così dannatamente attuale. Non ci voleva però molto per capire quale aria fetida tirasse, e nulla è più fetido del fascismo.

Il titolo è un neologismo ironico e al tempo stesso una crasi preoccupata. Allude a fascisti dichiarati (Fiore), a sfascisti conclamati (Castellino) e più ancora a una sorta di parafascismo da operetta caricaturale e ridicolo, tronfio e ignorante, balzano e fuori tempo massimo, che rende i protagonisti una sorta di categoria mitologica a sé stante: gli "sfascistoni". Molti di loro non sono fascisti e neanche sanno cosa sia stato il Ventennio, ma straparlano e strascrivono. E soprattutto votano.

Ciò che maggiormente mi preoccupa è questa gran voglia, che avverto ormai pressoché ovunque, di sdoganamento totale del fascismo. Un desiderio depravato e trasversale di far credere che ciò che anche solo fino al giorno prima appariva inaccettabile sia diventato nel frattempo lecito. Addirittura auspicabile.

Per me, invece, il fascismo resta ancora quella montagna di merda che è sempre stato. E credo proprio che questo libro ve ne darà ulteriore prova.

Buona lettura, buona resistenza.

Sfascistoni. Parte prima

Quel pelato codardo e vigliacco

Una delle cose più paradossali dei fascisti è che rimpiangono un tizio caricaturale brutto come la fame e ridicolo come Gasparri nudo con le Crocs che, oltre ad aver fatto tutti i disastri che ha fatto, morì scappando con l'amante, abbandonò la famiglia e si finse tedesco (e pure ubriaco) dentro una camionetta nazista pur di non farsi beccare dai partigiani.

Un gigantesco senza palle e vigliacco, che ha vissuto da dittatore assassino per più di vent'anni per poi mostrare il suo vero volto: quello di inguaribile e conclamato egoista codardo. Davvero un bel punto di riferimento, sì.

Meloni e i suoi fratelli

Giorgia Meloni è una persona intelligente, garbata (in privato) e tutt'altro che antipatica. È anche una politica che studia, a differenza di Salvini. Ma queste sue qualità non fanno che renderla ancora più colpevole. Non solo per quella sua eterna incapacità (voluta) di recidere il cordone ombelicale col fascismo, ma anche per quella sua troppo spesso disastrosa "classe dirigente" che rende fatalmente inquietante il suo partito.

Mancato antifascismo e dirigenti pietosi: è anzitutto qui che risiede il *vulnus* meloniano. E ho come la sensazione che ne parlerò parecchio, in questo libro.

Quel duro di Durigon

Claudio Durigon. Nato a Latina nel 1971. Politico e sindacalista. Sottosegretario di Stato al ministero del Lavoro e delle Politiche sociali dal 13 giugno 2018 al 5 settembre 2019 nel primo governo Conte. Ancora sottosegretario, dal primo marzo 2021, stavolta al ministero dell'Economia e delle Finanze nel governo Draghi.

Poi succedono due cose.

La prima: ad aprile finisce nell'inchiesta giornalistica "Follow the Money" di Fanpage. Ripreso con una telecamera nascosta, confida il motivo per cui non è preoccupato dalle indagini dei 49 milioni di rimborsi elettorali confiscati alla Lega dalla procura di Genova: «Quello che fa le indagini, il generale della guardia di finanza, sulla Lega lo abbiamo messo noi».

Movimento 5Stelle, Sinistra italiana e L'alternativa c'è ne chiedono le dimissioni, ma Draghi non fa una piega. Mesi dopo, un gip di estrema destra ordina un "decreto di sequestro preventivo" dell'inchiesta giornalistica del sito Fanpage.it, con elencati i link da oscurare «dalla piattaforma e ovunque essi risultino visibili». Il giudice per le indagini preliminari che lo scorso 4 agosto ha firmato tale atto è Paolo Andrea Taviano, già candidato alle elezioni regionali del Lazio e alle Politiche nel 2013 con i neofascisti del Movimento Sociale-Fiamma Tricolore, partito fondato da Pino Rauti contro la trasformazione "moderata" del Msi in An.

La seconda cosa che succede è questa: ad agosto, nella sua Latina, Durigon propone di rimuovere l'intitolazione a Giovanni Falcone e Paolo Borsellino di un parco pubblico, per ripristinare la vecchia denominazione ad Arnaldo Mussolini – il fratello minore di Benito e uno dei padri integerrimi e ideologicamente violentissimi del fascismo. Anche stavolta Draghi non fa nulla.

È «il Fatto Quotidiano» a martellare l'opinione pubblica, lanciando una petizione che ne chiede le dimissioni. La petizione spopola e Durigon, il 26 agosto, rassegna le dimissioni da sottosegretario nel governo Draghi. Pur restando fortissimo dentro la Lega di Salvini. O quel che ne resta (di Salvini).

E allora le foibe?

In una gara a chi sia il giornalista/opinionista/intellettuale più massacrato dalla destra e non solo da quella, Tomaso Montanari sta agevolmente sul podio con Marco Travaglio e il sottoscritto.

Son soddisfazioni.

A fine agosto, sul «Fatto Quotidiano», Tomaso – storico dell'arte e rettore eletto dell'Università per stranieri di Siena – scrive che la legge del 2004 che istituisce il Giorno del ricordo delle foibe «a ridosso e in evidente opposizione a quello della Memoria (della Shoah) rappresenta il più clamoroso successo» di una falsificazione storica di parte neofascista.

Apriti cielo: partono a mitraglia accuse a caso di negazionismo, dalla destra e non solo (tipo quel tale bollito che fa ancora critica televisiva sui cartacei in tempi di social imperanti. Povero fossile). Esponenti di destra – ovvero FdI, Lega e Italia Morta – chiedono pure le dimissioni. E stranamente si dimenticano di esigere pure la fucilazione.

È una polemica sul nulla. Una delle tante. Prova a chiuderla Alessandro Barbero, intervistato sul «Fatto» da Daniela

Ranieri, e non ci riesce perché gli scemi continuano a latrare anche e soprattutto di fronte al torto marcio.

> Montanari non ha affatto detto che le foibe sono un'invenzione e che non è vero che migliaia di italiani sono stati uccisi lì. Nessuno si sogna di dirlo: la fuga e le stragi degli italiani hanno accompagnato l'avanzata dei partigiani jugoslavi sul confine orientale, e questo è un fatto. La falsificazione della storia da parte neofascista, di cui l'istituzione del Giorno del ricordo costituisce senza dubbio una tappa, consiste nell'alimentare l'idea che nella Seconda guerra mondiale non si combattesse uno scontro fra la civiltà e la barbarie, in cui le Nazioni Unite e tutti quelli che stavano con loro (ad esempio i partigiani titini, per quanto poco ci possano piacere!) stavano dalla parte giusta e i loro avversari, per quanto in buona fede, stavano dalla parte sbagliata; ma che siccome tutti, da una parte e dall'altra, hanno commesso violenze ingiustificate, eccidi e orrori, allora i due schieramenti si equivalevano e oggi è legittimo dichiararsi sentimentalmente legati all'una o all'altra parte senza che questo debba destare scandalo.

Barbero parla anche del ritorno del fascismo.

> Parliamo di sensazioni. Io ho la sensazione che come gran parte d'Italia era stata più o meno convintamente fascista, così in tante famiglie si sia conservato un ricordo non negativo del fascismo, e un pregiudizio istintivo verso quei ribelli rompiscatole e magari perfino comunisti che erano i partigiani. E le famiglie che la pensavano così hanno insegnato queste cose ai loro figli. Per tanto tempo erano idee che rimanevano, appun-

to, in famiglia, e non trovavano una legittimazione esplicita dall'alto, nella politica o nel giornalismo: oggi invece la trovano, e quindi emergono alla luce del sole.

Donna Giorgia Meloni ha chiesto che il professor Montanari venga "fermato". Ancora Barbero: «Non solo non appartiene alla normale dialettica politica, ma è inconcepibile in una Repubblica antifascista».

Siam messi bene, eh?

Far West a Licata

Luglio 2021. Un uomo viene denunciato per tentato omicidio e porto abusivo di arma da fuoco. Si tratta di Gaetano Aronica, 48 anni. Ha sparato quattro colpi di pistola all'indirizzo del socio in affari, con cui gestiva un'agenzia di onoranze funebri. Di lì a poco Aronica si costituisce, accompagnato dal legale di fiducia.

Perché ne parlo qui? Perché Aronica era stato eletto nel 2018 con la Lega, ottenendo 373 preferenze (la Lega dice però che non è mai stato tesserato). Così «La Sicilia»:

> È stato lui stesso a far ritrovare la pistola ai carabinieri durante la perquisizione. Il movente del tentato omicidio sarebbe da ricondurre a una serie di contrasti di natura economica con il socio. La sparatoria è avvenuta in via Grangela a Licata. Dei quattro colpi solo uno è andato a segno colpendo di striscio a un braccio l'imprenditore 71enne che è stato soccorso e trasferito all'ospedale San Giacomo d'Altopasso di Licata, con una prognosi di venti giorni. Appena una settimana fa, all'indirizzo della stessa agenzia di onoranze funebri, erano stati esplosi diversi colpi di arma da fuoco.

La Lega, subito dopo l'accaduto, precisa che «il consigliere comunale Gaetano Aronica non è tesserato, né ricopre o ha ricoperto altri ruoli all'interno del partito» e che alle amministrative del 2018 «era sì candidato nella lista della Lega, ma non si è mai dichiarato Lega all'interno del consiglio comunale, ed è da anni un consigliere civico, addirittura per un periodo a sostegno dell'attuale sindaco». La Lega invita quindi chi avesse equivocato a «voler rettificare quanto erroneamente affermato, attribuendo ad Aronica un'appartenenza politica non corrispondente alla realtà dei fatti».

Ci fidiamo della Lega. Ma com'è che questi qua gravitano quasi sempre dalle loro parti?

Esempi fasci alle ultime elezioni

L'8 settembre, sul «Fatto Quotidiano», Giacomo Salvini offre un quadro efficace e al contempo postatomico sui fascistoni (e derivati) presenti in lista. Di alcuni parlerò più diffusamente nel corso di questo libro, mentre in altri casi direi che può bastare e avanzare (per vomitare) questo ottimo articolo.

> C'è l'ultrà della Lazio che ha tatuato sul braccio Werwolf, il simbolo della resistenza nazista, quello che elogiava chi faceva il saluto romano, ma anche il candidato che a Milano inaugura il suo comitato elettorale nella sede del movimento neonazista Lealtà e Azione fino alla nipote di Mussolini, Rachele, che corre con Fratelli d'Italia. L'album di figurine dei camerati, nostalgici e orgogliosi fascisti che riempiono le liste del centrodestra alle prossime elezioni amministrative è ricchissimo. In molte città d'Italia, dai grandi centri come Roma e Milano ai Comuni più piccoli, dalle Alpi alla Sicilia, Matteo Salvini e Giorgia Meloni non hanno fatto alcuna selezione all'ingresso: le liste della Lega e di Fratelli d'Italia sono piene di nostalgici del regime.

Il caso più emblematico è a Roma, dove i due partiti di centrodestra fanno a gara a chi ha il candidato più fascista. In assemblea capitolina Fratelli d'Italia punta su Francesco Cuomo, tatuatore che vuole «ridisegnare Roma». Storico ultrà della Lazio, sul suo profilo Facebook è ritratto in diverse foto tra saluti romani e una nel 2019 con Francesco Piscitelli, in arte "Diabolik", capo degli Irriducibili ucciso nell'agosto 2019 a colpi di pistola. Lo chiamano "il camerata" e si capisce il perché: sul braccio ha un tatuaggio – tre teschi – della resistenza nazista. «Non sapevo fosse il simbolo dei guerriglieri tedeschi» si è giustificato. Nelle liste del partito di Meloni in sostegno a Enrico Michetti c'è anche Rachele Mussolini, nipote del Duce e ormai volto noto di FdI nella Capitale. La Lega però non vuole essere da meno e in consiglio comunale candida Maurizio Politi, *trait d'union* tra l'estrema destra e il Carroccio: eletto nelle liste di FdI, poi salito sul carro leghista, ha fatto una lunga battaglia per dedicare una via a Giorgio Almirante.

Ma la vera sfida tra camerati si gioca nei 15 Municipi della capitale: per la Lega è stato il nostalgico Claudio Durigon a candidare Andrea Signorini alla presidenza del XV Municipio e Alessandro Maria Terra nel XIV. Il primo nel 2016 finì al centro delle polemiche perché commentò così una foto di Renato Zero che sembrava fare il braccio teso: «Renato uno di noi». Il secondo invece è stato scelto come responsabile comunicazione della Lega da Durigon in persona ed è un ex membro del Fronte della Gioventù, organizzazione molto vicina a Forza Nuova. Nei Municipi il Carroccio ha imbarcato anche gli ex CasaPound Alessandro Calvo, Maria Rinaldi e Simone Montagna. «Porteranno avanti le nostre battaglie», ha detto ieri Luca Marsella, leader romano di CasaPound. FdI risponde con Simone Oddo e Alessandro Mariani, vicini rispettivamente alle associazioni di estrema destra Roma Nord e Aurora Boreale. Chi è passato da FdI alla Lega fino ad Azione invece è Maico Cecconi, ex delegato municipale meloniano alle politiche scolastiche e oggi candidato con Calenda. Con Enrico Michetti invece correrà Francesca Benevento, nota per i suoi commenti antisemiti e No Vax. «Prendo le distanze ma non siamo ancora riusciti a contattarla», ha spiegato ieri Michetti.

Ma non c'è solo Roma. A Milano la Lega schiera Max Bastoni, consigliere regionale che ha ottimi rapporti con il gruppo neonazista Lealtà e Azione. Un legame così evidente che Bastoni ha deciso di aprire il suo comitato elettorale proprio nella sede del movimento giovanile dichiaratamente fascista. In un'intervista al «Corriere Milano», Bastoni si è posto come il punto di riferimento per gli elettori dell'ultradestra. Il candidato leghista ha detto che non si offende se lo chiamano "fascista" e poi ha spiegato: «Rivendico con orgoglio il sostegno di LeA con cui c'è una naturale comunanza di valori».

A Trieste invece FdI ha scelto di candidare Denis Conte, pugile ed ex coordinatore di Forza Nuova, noto per le sue ronde contro gli immigrati. Anche al sud non mancano esempi di candidati nostalgici del regime: a Nardò (Lecce) corre per il secondo mandato, appoggiato da Michele Emiliano, il sindaco uscente Pippi Mellone, considerato molto vicino a CasaPound, mentre a Napoli Forza Italia punta su Giuseppe Alviti, un passato in Fiamma Tricolore.

Ciao core.

La divisa delle SS

Sguardo fiero, ritratto di Hitler alle spalle, divisa da SS e santino della Madonna. È così che si lascia ritrarre Gabrio Vaccarin, consigliere comunale 55enne a Nimis (Udine) eletto con Fratelli d'Italia. La foto comincia a girare nell'estate del 2020.

Vaccarin aveva corso per la carica di sindaco nel 2016 raccogliendo 110 preferenze. Meno del 10 per cento dei voti.

Il deputato e coordinatore di FdI per il Friuli Venezia Giulia, Walter Rizzetto, si dissocia e precisa che il consigliere Vaccarin «non è iscritto a Fratelli d'Italia». È stato però effettivamente «eletto nel 2016 in una nostra lista», ricorda Rizzetto. «Gli abbiamo comunque chiesto di togliere immediatamente il nome di Fratelli d'Italia al gruppo consiliare del Comune di Nimis. Non possiamo prendere ulteriori provvedimenti in quanto non è un nostro iscritto».

Pare che la foto risalga a un carnevale di qualche anno prima. Ma lo schifo resta.

Cin Cin Pin

> Ricordo a tutti che i comunisti non sono meglio dei fascisti. Sono quelli che si mangiano i bambini. Non è che ce lo siamo dimenticato. Non andiamo lontano: in Corea del Nord "Cin Cin Pin" fucila chi alza il braccio sbagliato. Voi che leggete i libri, la storia ci insegna come migliorare, non per mettere i vostri. Quando ci saremo noi vi spazzeremo via.

A pronunciare queste parole illuminate, con un lessico e una dizione persino peggiori del contenuto, è tal Pietro Marino, consigliere comunale di Mazara del Vallo. Eravamo nel giugno scorso, e Marino ce l'aveva con «la sinistra» che voleva togliere la via intitolata a Giorgio Almirante «per metterci i vostri».

Marino è consigliere del neo-movimento politico Via, rappresentato dall'ex senatore Antonino Papania. Ovviamente non so minimamente chi sia né l'uno né l'altro, e va bene così.

Marino, di sé, dice ancora oggi: «Ho la tessera del partito socialista, ma sono futurista». Poi aggiunge: «Io non sono fascista e neanche estremista», che è la solita maniera per (non) dire di essere l'uno e l'altro.

Voglio scendere.

Uno di meno

Igor D'Onofrio, Fratelli d'Italia, consigliere comunale a Genova. Già al centro di polemiche per dei post su Facebook in cui inneggiava alla Fondazione dei fasci di combattimento. Lui però desidera spingersi oltre. E lo fa.

Dopo la morte di Gino Strada, scrive: «Uno di meno». E aggiunge pure – come se non bastassero quelle tre parole – un altro po' di ciarpame fascista.

Il Pd ne chiede le dimissioni. Fratelli d'Italia, una volta tanto, lo caccia per direttissima nonostante le solite scuse strappalacrime del camerata nostalgico (in questo caso D'Onofrio, ma tanto son tutti uguali).

Che brutta gente.

Nonno Piggy

Marco Nonno, consigliere comunale di Fratelli d'Italia a Napoli, eletto poi anche in consiglio regionale. Condannato in primo grado a otto anni per devastazione (?). Nonno proviene dalle fila di An. Nel 2016 dichiara: «Mai stato fascista, ma ammiratore del più grande statista del '900 che ha creato lo stato sociale in Italia».

A maggio se la prende con Alessandra Clemente, candidata sindaco nella lista di De Magistris. Criticarla sarebbe lecito, ma Nonno lo fa con toni vili: «Sei come Piggy dei Muppets». Bullismo puro.

Ciliegina sulla torta: durante il silenzio elettorale, il 3 ottobre Nonno è stato sorpreso dalla Digos mentre distribuiva "santini" elettorali. Con ottimi risultati, peraltro, visto che la sua destra è stata travolta dal centrosinistra e dal M5S di Manfredi. Un genio, 'sto Nonno!

Benito a Locorotondo

Michele De Giuseppe è consigliere di maggioranza a Locorotondo. Centrodestra. Lunedì 4 ottobre, il giorno dopo le elezioni a Roma e Milano, si discutevano due mozioni dell'opposizione (M5S e centrosinistra) per togliere la cittadinanza onoraria a Benito Mussolini e per revocare al contempo l'intitolazione di strade a gerarchi fascisti nel Paese (tipo via Italo Balbo).

Le mozioni non sono passate e il caro vecchio buon Duce ha così mantenuto la cittadinanza onoraria nella ridente Locorotondo. Evviva!

Uno dei più convinti difensori della decisione è stato proprio Di Giuseppe. Le sue parole fanno ancora sognare: «Le elezioni del 1924? Si svolsero in un clima democratico».

Un clima molto democratico, sì. Ma così democratico che, se anche solo osavi dissentire con garbo, ti ammazzavano come accaduto quell'anno con Matteotti. Con affetto e democraticamente, s'intende.

Dialogaci tu coi fasci

William De Vecchis, senatore leghista. Secondo lui, lo sgombero di CasaPound dallo stabile di via Napoleone III a Roma non è prioritario bensì strumentale. Una battaglia inutilmente identitaria della sinistra.

Lui, la soluzione, ce l'avrebbe: il dialogo. «(Invito) le istituzioni a intavolare un dialogo con questi ragazzi e con tutti i ragazzi che fanno politica al di fuori della struttura parlamentare. Perché solo nel dialogo possiamo trovare una soluzione pacifica per i problemi che attanagliano non solo la nostra società ma anche queste realtà, da destra a sinistra». L'allora sindaco Raggi doveva secondo l'arguto De Vecchis istituire «un tavolo, un tavolo permanente per trovare una soluzione. Io sono a disposizione come senatore, e invito tutti i senatori a non nascondersi nei palazzi ma affrontare le realtà. Roma ha bisogno di tranquillità sociale, mentale e culturale. Con le persone bisogna parlare, e sono convinto che in questo modo si possano trovare delle soluzioni». Per esempio trasformare «lo stabile in una struttura Ater e stipulare dei contratti con chi vi abita e riportare la legalità». Che era e resta poi l'idea di Simone Di Stefano, guarda caso leader di CasaPound. Con cui un senatore leghista, guarda caso, è totalmente d'accordo.

Dialogare con i fasci? Fallo tu, esimio De Vecchis, se ci tieni tanto. Io proprio no.

Propaganda

La propaganda continua – travestita da giornalismo – è fondamentale. In questo senso, la destra italiana che ammicca al fascismo è propagandata e celebrata benissimo. Anche in tivù.

Il ruolo degli opinionisti di destra è quello di giustificare e minimizzare. Non c'è alcun rischio democratico, non c'è alcuna deriva autoritaria, non ci sono razzisti nella Lega, non ci sono fascisti in Fratelli d'Italia. E quando poi la situazione è drammatica, c'è sempre il benaltrismo: e allora il Pd? E allora Grillo? Parlateci di Bibbiano! E altre varianti analoghe.

Ecco a cosa servono i Porro, i Giletti, le Maglie e i Feltri: a far ingoiare i rospi al pubblico. A far credere che ciò che fino al giorno prima pareva inaccettabile sia già diventato normale: addirittura democratico.

In questa logica, la candidatura (premiata dagli elettori) di Feltri come capolista a Milano in Fratelli d'Italia alle ultime Comunali è stata perfetta. Uno come l'attuale Vittorio Feltri, ormai caricatura vivente della caricatura sin troppo benevola che ne fa Crozza, incarna esattamente il fiancheggiatore – travestito da giornalista – di quella destraccia.

Traini

3 febbraio 2018, ore 11, Macerata. Nel centro cittadino, da un'Alfa Romeo 147 nera in movimento vengono esplosi dei colpi di pistola. L'arma è una Glock 17. Tra i luoghi colpiti c'è anche la sede locale del Partito democratico.

Nell'attacco rimangono ferite sei persone, tutti immigrati di origine sub-sahariana con età compresa tra i 20 e i 32 anni.

Di lì a poco viene arrestato Luca Traini. 28 anni. Partito da Tolentino, prima ha sparato e poi è sceso dall'auto davanti al monumento ai Caduti cittadino. Qui ha fatto il saluto romano e gridato «Viva l'Italia» con un tricolore legato al collo, prima di arrendersi alle forze dell'ordine.

Nella sua casa gli agenti trovano tutto quel che ci si immagina di trovare se si appartiene all'estrema destra, compresa una copia del *Mein Kampf* e una bandiera con la croce celtica.

Traini dichiara che all'inizio voleva andare in tribunale per uccidere Innocent Oseghale, arrestato con l'accusa di omicidio di Pamela Mastropietro, una ragazza di 18 anni vittima di un altro recente episodio di cronaca nera, avvenuto proprio a Macerata, che vedeva coinvolto un immigrato nigeriano. Poi però Traini cambia idea e decide di attuare un attacco con arma da fuoco verso persone di colore a caso.

I conoscenti, di fronte alla notizia, definiscono Traini una «personalità borderline con problemi».

Il nome di Traini comparirà successivamente su uno dei caricatori utilizzati durante gli attentati di Christchurch, i due attacchi terroristici avvenuti il 15 marzo 2019 in Nuova Zelanda che causeranno la morte di 50 persone e il ferimento di altrettante.

Ah, dimenticavo: neanche un anno prima di tentare quella strage, Traini si era candidato con la Lega Nord per le elezioni comunali di Corridonia del 2017. Nel programma del candidato sindaco della Lega c'era anche "il controllo degli extracomunitari".

Traini prese zero preferenze.

Trieste Tremula

Braccio teso e Duce, la foto dal passato del secondo più votato di Fratelli d'Italia a Trieste è il titolo di un articolo del «Piccolo», uscito subito dopo le elezioni di ottobre. Allude a Corrado Tremul, neo-consigliere comunale triestino, appena entrato in Municipio con 350 preferenze. Secondo eletto nelle file di Fratelli d'Italia.

Nella foto, scattata tre anni prima, Tremul è nella cripta del Duce a Predappio. Posa impettita, sguardo truce, occhiali da sole, mano sinistra poggiata sulla testa bronzea di Mussolini e braccio destro teso per il solito saluto romano.

Una volta scoperto, Tremul minimizza: «È una foto vecchia, oggi non lo farei più. Ho rispetto per i valori della Costituzione». Quando sono in pubblico, e sono stati appena colti con le mani nella marmellata, dicono tutti così.

Il Bello di Senigallia

Massimo Bello milita in Fratelli d'Italia ed è stato eletto un anno fa consigliere comunale a Senigallia. In passato è stato consigliere comunale ad Ancona e prim'ancora sindaco per due mandati a Ostra Vetere, splendido borgo marchigiano dove il Verdicchio dà il meglio di sé. Alla vigilia di quelle elezioni, nel settembre 2020, il Bello di Senigallia vede una foto di alcuni giovani con il ritratto di Mussolini alle spalle. Si eccita oltremodo e scrive su Facebook: «Grandi!».

52 anni, Bello è così descritto da Fanpage: «Esperto di europrogettazione [...]. Politicamente è sempre stato uomo di destra: iscritto al Movimento Sociale Italiano, è poi confluito in Alleanza Nazionale e nel Pdl, mentre oggi milita in Fratelli d'Italia».

È un bel tipino. Nel 2020, definì i partigiani «vigliacchi» e dediti a uccidere «preti, donne e giovani in camicia nera». Casualmente si è dimenticato di aggiungere, anche solo per correttezza, che i nazifascisti trucidarono 63 persone tra civili e combattenti a Monte Sant'Angelo, nel comune di Arcevia. Ma si sa, chiedere ai fascisti di essere intellettualmente onesti è come chiedere a Sgarbi di non evaporare neuronalmente.

Bragonzi ponzipò

Luigi Bragonzi. Lega per Salvini. Alle Comunali del 3-4 ottobre 2021 viene eletto consigliere a Milano nel Municipio 2 con 118 voti.

Per la sua campagna elettorale ringrazia, tra gli altri, anche Silvia Sardone. E già questo dice molto, visto che la Sardone (oltre ad essere la Sardone) è una di quelle uscite peggio dall'inchiesta di Fanpage.

Bragonzi è davvero un bel soggetto. No Vax, No Pass e antico estimatore di CasaPound e Forza Nuova. Però ha anche dei difetti.

Il giorno prima degli scontri del 9 ottobre in piazza a Roma, sul proprio profilo Facebook dichiara quanto segue: «Quando le cose non vanno come previsto, passare dal Green Pass al manganello è un attimo. Dite di no? Ne riparliamo sabato in manifestazione...». E dopo le violenze durante le manifestazioni No Green Pass a Milano e Roma, si limita a dire: «E anche oggi a Milano e a Roma ci si è battuti in difesa dei diritti dei cittadini, vaccinati e non!». Nessuna presa di distanza dalle violenze.

Il lunedì successivo Bragonzi cambia la privacy del proprio profilo Facebook, rendendolo visibile solo agli amici. Cerca di evitare le polemiche, ma è troppo tardi, perché qualcuno (per esempio Fanpage) ha già trovato dei vecchi messaggi che sembrerebbero dimostrare, almeno in passato, la vicinanza di Bragonzi a Forza Nuova e CasaPound. Si spazia da foto di esponenti di Forza Nuova intenti a fare il saluto romano, a slogan dello stesso movimento e di CasaPound (tipo «Italiani si nasce e non si diventa»). Bei momenti davvero.

Contattato in merito, Bragonzi non ha risposto ai giornalisti. Peccato: il *mirror climbing* di certi fascistelli è sempre divertente. Facci sognare, Luigi!

Le scarpe di Giorgia

Maggio 2019. Un auto-spot elettorale scuote le nostre coscienze. La protagonista, una gentil donzella con velleità da Santanchè, pronuncia le seguenti parole: «Il 26 maggio decidi tu se continuare ad avere un'amministrazione che strizza l'occhio ai centri sociali o se avere finalmente un'amministrazione all'insegna della legalità e della sicurezza a Reggio Emilia».

È il messaggio elettorale di Giorgia Manghi, candidata di Fratelli d'Italia al consiglio comunale di Reggio Emilia alle elezioni amministrative del 26 maggio 2019.

La mini-Santanchè pubblica lo spot, la cui regia è chiaramente debitrice di Kubrick, sulla propria pagina Facebook. Giorgia passeggia per il Parco del Popolo e si lamenta dell'amministrazione reggiana in carica. Poi si ferma e dice: «In questi giorni di pioggia mi sono sporcata una scarpa». A quel punto sfodera dalla borsa una t-shirt nera recante il logo di Antifa (Antifaschistische Aktion) e finge di pulirsi la scarpa. Poi commenta: «Perfetto. A qualcosa è stato utile». E getta la maglietta in un bidone della spazzatura.

Bello, no?

Donna Rachele

Rachele Mussolini, nipote di Benito, figlia di Romano e sorellastra di Alessandra, è stata il candidato con più preferenze nel primo turno delle elezioni comunali di Roma.

La foto più nota, con la sua dichiarazione d'intenti più chiara, la ritrae mentre esibisce orgogliosamente un foglio bianco. Dove c'è scritto: «Il 25 aprile festeggio solo San Marco!!!». E la parola "solo" è sottolineata.

Direi che può bastare così.

L'attenzione del signor Mino

Franco Mino è, anzi era, consigliere comunale della Lega a Biella. La sua maniera di celebrare su Facebook il Giorno della Memoria, lo scorso 27 gennaio, è davvero encomiabile:

> Ma un popolo che ha subito questo dovrebbe, più di altri, ricordarsi e intervenire su quello che succedeva, specialmente decenni fa e ancora adesso ai popoli africani, uccisi, massacrati, tenuti alla fame della cui fame specialmente i più piccoli morivano. Nulla di questo. Se ne sono sempre fregati. È per questo che sin dal 1967, a chi mi parlava di cosa avevano fatto ai poveri ebrei, rispondevo che non meritavano in quel momento, chi ora era sopravvissuto o attualmente ebreo, la mia attenzione. Penso pure che gli ebrei morti nell'Olocausto, vedendo il menefreghismo dei sopravvissuti e del popolo ebreo verso altri popoli che subivano lo sterminio, ecco che questi morti ebrei si saranno sicuramente tutti rivoltati nella tomba.

Un delirio puro, sgrammaticato e agghiacciante, da cui tutti prendono le distanze. Persino il sindaco di Biella (di centrodestra). E così la Lega. Che però, quel satanasso di Franco Mino lì, lo aveva comunque candidato.

Pane, vino e Priebke

Il 25 febbraio 2021 è stato un bel giorno. In via di San Giorgio a Maccarese, su ordine del sindaco Virginia Raggi, la questura ha ordinato lo sgombero di uno stabile occupato dal 2008 da attivisti dell'associazione Fons Perennis affiliata a CasaPound. Nel locale è stato rinvenuto un altarino con materiali nazisti e offerte di pane e vino, con i nomi di alcuni defunti, tra cui Erich Priebke e Heinrich Himmler.

Se volete farvi del male, e al tempo stesso toccare con mano il paranazismo postcontemporaneo, andate a visitare la pagina Facebook e il sito di questa "associazione" Fons Perennis: Goebbels e Mengele sarebbero verosimilmente stati fieri di loro.

Ric e Gian

Non sono fascistoni, lo so. Ma li trovo comunque meravigliosi. Per questo, anche solo *en passant*, li metto nel libro: come emblema della pochezza della classe dirigente del centrodestra, sono tutti e quattro perfetti.

Pensate a Fontana, e a tutto quel che ha combinato durante la pandemia e non solo lì.

Pensate a Gallera, uno dei più grandi comici involontari degli ultimi 178 anni. Ric e Gian, in confronto, erano maestri di ermetismo minimalista.

E pensate poi a chi la destra è riuscita a candidare (con risultati disastrosi) a Roma e Milano, ovvero le due maggiori città italiane: tal Michetti, uno che parla ancora di Ottaviano Augusto e il cui merito principale è arringare tassisti con cazzate radiofoniche (praticamente un Cruciani romano). E tal Bernardo, forse il candidato più debole nella storia della politica italiana dai tempi del Poro Asciugamano.

Noi siam messi male, ma anche loro mica stanno benissimo.

Michetti chi

Su Michetti però devo tornare, perché il tizio non è solo un Cruciani romano tragicomicamente inadatto a ruoli istituzionali di peso. Prima di venire spazzato via al ballottaggio, spunta fuori un articolo di Michetti del 19 febbraio 2020, pubblicato sul sito di Radio Radio e recuperato sul «manifesto». Ecco lo stralcio più inquietante: «Ogni anno si girano e si finanziano 40 film sulla Shoah, viaggi della memoria, iniziative culturali di ogni genere nel ricordo di quell'orrenda persecuzione.

E sin qui *nulla quaestio*, ci mancherebbe. Ma mi chiedo perché la stessa pietà e la stessa considerazione non viene rivolta ai morti ammazzati nelle foibe, nei campi profughi, negli eccidi di massa che ancora insanguinano il pianeta. Forse perché non possedevano banche e non appartenevano a lobby capaci di decidere i destini del pianeta».

Quindi, secondo Michetti, si parla di ebrei e Shoah, e non per esempio di foibe (che per la destra vanno bene sempre e si portano in ogni stagione, come il cacio sui maccheroni), perché loro avevano le banche e appartenevano a lobby potentissime. La solita variante "garbata" (come no) del più becero antisemitismo. Poi Michetti ha provato a chiedere scusa e contestualizzare, ma siam sempre lì: non puoi chiedere veramente scusa per una cosa che pensi davvero.

Vi rendete conto di chi aveva avuto il coraggio di candidare la nota antifascista per finta Meloni come sindaco di Roma?

No, una strada a Strada no

È una delle notizie che più mi ha ferito negli ultimi mesi, e al tempo stesso una delle notizie che meglio raccontano questa destra. Con un gesto oltremodo vigliacco, lo scorso 15 settembre a Genova, Lega e Fratelli d'Italia si sono opposti all'idea di intitolare una via a Gino Strada. Il documento sull'intitolazione della via era un ordine del giorno del Movimento 5Stelle.

La Lega si è "limitata" all'astensione, mentre Fratelli d'Italia ha direttamente abbandonato l'aula. È uscito anche il sindaco Bucci, che ha poi spiegato di essersi allontanato (proprio in quel momento, per poi rientrare subito dopo la votazione) non per scelta politica, ma solo perché aveva un impegno irrinunciabile (proprio in quel momento, per poi rientrare subito dopo la votazione). Vedi tu le coincidenze.

Di sicuro sono state invece pienamente politiche l'astensione leghista e l'abbandono dell'aula da parte degli ex (?) fascisti.

Che squallore.

Omofobia portami via

Allegramente omofoba e orgogliosamente "efferata" nelle sue convinzioni deliranti, Silvana De Mari è spesso anche in tivù. La ricordo, una volta, asserire di tutto a *Otto e mezzo* su omosessualità e famiglia tradizionale. Forse la peggiore ospite mai avuta da Lilli Gruber, che infatti poi non l'ha più chiamata neanche per sbaglio.

A settembre la De Mari è stata sospesa dall'Ordine dei medici di Torino. Sì, perché questa qua, oltre a essere psicoterapeuta (?) e scrittrice, è pure medico. Simbolo dei No Vax, De Mari è stata sospesa con altri 94 medici appartenenti all'Ordine di Torino per essersi rifiutata di vaccinarsi. Un mese dopo, in un'altra città, è stato sospeso anche Alessandro Meluzzi, un altro genio in qualche modo analogo.

Perché ne parlo? Perché l'ambiente della De Mari è sempre quello lì. La galassia teocon, quella dei Pillon e dei Gandolfini, non può che guardare a questa destra retrograda. Infatti la De Mari, sul suo profilo Twitter, aveva invitato a seguire un convegno al Senato in cui si promuovevano presunte cure domiciliari anti-Covid, tra cui l'ivermectina e l'idrossiclorochina, farmaci già ampiamente bocciati dalla comunità scientifica internazionale nel contrasto del Covid-19.

Sapete da chi era organizzato quel convegno al Senato? Dalla Lega. La stessa Lega che, in piena estate 2020, aveva preparato (su idea del salviniano Siri e di Sgarbi) un simposio al Senato con negazionisti, minimizzatori e teorici del «La pandemia è già finita». Qualche nome? Porro, Salvini, Sgarbi e il noto virologo Bocelli.

Tutta bella gente, in mezzo alla quale una come l'omofobissima De Mari Silvana sta benissimo.

Ruby

Così, giusto per aggiungere qualcosa tra un capitolo e l'altro: ma voi ve lo ricordate, sì, che Giorgia Meloni è la stessa che ebbe la spudoratezza di votare in Parlamento Ruby nipote di Mubarak, vero?

No, perché se ci pensate c'era già tutto in quel gesto lì.

Zan Zan

Sapete perché il ddl Zan non è passato? Perché siamo un Paese con ampie risacche retrograde e ignoranti. Ed è su quelle risacche che punta la destra, mandando avanti commilitoni di seconda fila che fanno il lavoro sporco.

Tipo Andrea Ostellari.

Leghista della prima ora, 47 anni. È stato viceprocuratore onorario presso la Procura della Repubblica di Bassano del Grappa, con funzione di pubblico ministero avanti il giudice di pace e Tribunale monocratico penale. Eletto con la Lega una prima volta a Curtarolo, Padova, come consigliere comunale nel 2014. Segretario provinciale della Lega Nord a Padova l'anno successivo. Senatore dal 2018, presidente della Commissione Giustizia al Senato. È stato lui, anzitutto lui, a sabotare in ogni modo il ddl Zan, che dopo essere stato approvato alla Camera è stato definitivamente ammazzato a ottobre, da destre e renziani, nell'altro ramo del Parlamento. Quello nel quale Ostellari, ormai, è maestro di ritardi nella calendarizzazione.

Ah: Ostellari è anche il relatore della Riforma di quella schifezza di Legge sulla (Il)Legittima Difesa, approvata dal Parlamento in via definitiva il 28 marzo 2019. Tanto per ricordarci che le disgrazie non vengono mai sole.

Fascio Littorio Social Club

I social possono essere preziosi come pure cloache a cielo aperto. Ultimamente, più la seconda.

Il web è pieno di pagine e spazi franchi dove l'estrema destra può ruttare e vomitare liberamente ogni nefandezza immaginabile. Spesso vengono a blaterare anche sui miei profili social. Li riconosci subito: sbagliano le "h", sono ignoranti come nessuno, conoscono la storia come Sgarbi l'educazione e sono maestri inconsapevoli di benaltrismo: e allora le foibe? E allora i marò?

Dialogare con loro è impossibile, come è impossibile dialogare con gli ultrà No Vax (spesso la stessa cosa). Non sono persone lucide e senzienti, ma tifosi sfegatati che alla ragione antepongono violenza verbale e appartenenza malamente ideologica.

Sono pericolosi, maleducati e contenutisticamente irrilevanti. Ma il loro voto vale quanto il vostro e il mio. E questo, le Meloni e i Salvini, lo sanno benissimo.

Bronx a Voghera

Il 26 giugno 2021, quindici giorni prima dell'omicidio di Youns El Boussettaoui in piazza Meardi a Voghera per mano dell'assessore alla Sicurezza della Lega Massimo Adriatici, un altro leghista oltrepassa i confini della leggenda: Giancarlo Gabba, assessore ai Lavori pubblici.

È lui, in una chat WhatsApp interna alla giunta che guida la città di Voghera, a scrivere quanto segue: «Finché non si comincerà a sparare, sarà sempre peggio!!». Gabba ce l'aveva con degli stranieri che stavano provocando un assembramento. In particolare, la giunta stava discutendo del caos in piazza San Bovo. «Davanti all'Africa market mega assembramento», scriveva il vicesindaco Simona Virgilio». Gabba, dopo il primo commento, aveva coinvolto proprio Adriatici. «Temo che anche il buon Massimo non sappia più come affrontare il problema con i nostri poliziotti».

Quindici giorni dopo, effettivamente, qualcuno comincia a sparare sul serio. E quel qualcuno, in circostanze ancora da chiarire, è appunto Adriatici.

Next ricostruisce la vicenda:

Questo estratto della chat è comparso sul gruppo Facebook Politica è Partecipazione. I protagonisti di questi messaggi sono tutti i componenti della giunta a sostegno della sindaca Garlaschelli. Ad aprire "le danze" è stata la vicesindaca Simona Virgilio: «Davanti all'Africa Market mega assembramento di tantissimi individui con bottiglie in mano, non si riesce neanche a passare». Ed è in risposta a questo che arriva la replica dell'assessore leghista Giancarlo Gabba: «Finché non si comincerà a sparare, sarà sempre peggio». Questo è accaduto, come detto, circa 15 giorni prima dell'omicidio di Youns El Boussettaoui, ma è il "sintomo" di come all'interno della giunta di Voghera – sostenuta da Lega, Forza Italia e Fratelli d'Italia – ci fosse una vera e propria "passione" per il tema delle armi e della risoluzione dei problemi (anche quelli che potrebbero essere risolti inviando le forze dell'ordine per disperdere un assembramento) sparando per le vie della città. E, oltre a Massimo Adriatici (arrestato e in attesa della fine delle indagini), il piccolo Comune in provincia di Pavia non è nuovo a "concetti" simili espressi da chi lo amministra. Pochi giorni dopo l'omicidio in piazza Meardi, infatti, l'assessora al Commercio Francesca Miracca disse: «Domani spariamo davvero, mi sa: assoldo i miei operai e scendiamo noi in piazza».

Ma che gente c'è, e viene pure votata, nella ridente Voghera?!?

Non solo. Il 12 marzo, quindi molto prima dell'omicidio di El Boussettaoui, nella chat interna della giunta la sindaca Paola Garlaschelli scriveva: «Ma in tutto ciò il marocchino che chiedeva l'elemosina è affogato?», aggiungendo una faccina che ride, senza spiegare a chi e a cosa si stesse riferendo.

Un'affermazione seguita da alcuni meme con risate e sorrisi. E proprio quel 12 marzo il solito assessore Giancarlo Gabba dichiarava: «Purtroppo ormai non bastano più i nostri vigili! Ci vuole ben altro!». L'affermazione era accompagnata dall'immagine stilizzata di una bomba.

Il sindaco Garlaschelli ha preso le distanze dai toni di Gabba, ma se l'è presa più che altro con chi ha reso pubblica quella chat di intellettuali «per destabilizzare la giunta». E ovviamente, in tutto questo, Gabba è sempre lì al suo posto. Come il sindaco Garlaschelli e la giunta tutta.

Perché vincono

Perché il fascismo ha successo? Perché siamo un Paese senza memoria. Perché il leader greve al comando è sempre piaciuto agli italiani. Perché da noi il fascismo è eterno (garantiva Umberto Eco). Perché abbiamo una maggioranza fatalmente egoista, non di rado ignorante e quasi sempre malamente arrogante.

Il fascismo, da sempre, è perfetto per esaltare il peggio degli italiani. Ieri come oggi.

Valgono ancora le parole di Ennio Flaiano:

> Il fascismo conviene agli italiani perché è nella loro natura e racchiude le loro aspirazioni, esalta i loro odi, rassicura la loro inferiorità. Il Fascismo è demagogico ma padronale, retorico, xenofobo, odiatore di culture, spregiatore della libertà e della giustizia, oppressore dei deboli, servo dei forti, sempre pronto a indicare negli "altri" le cause della sua impotenza o sconfitta.
>
> Il fascismo è lirico, gerontofobo, teppista se occorre, stupido sempre, ma alacre, plagiatore, manierista. Non ama la natura, perché identifica la natura nella vita di campagna, cioè nella vita dei servi; ma è cafone, cioè ha le spocchie del servo ar-

ricchito. Odia gli animali, non ha senso dell'arte, non ama la solitudine, né rispetta il vicino, il quale d'altronde non rispetta lui.

Non ama l'amore, ma il possesso. Non ha senso religioso, ma vede nella religione il baluardo per impedire agli altri l'ascesa al potere. Intimamente crede in Dio, ma come ente col quale ha stabilito un concordato, *do ut des*. È superstizioso, vuole essere libero di fare quel che gli pare, specialmente se a danno o a fastidio degli altri. Il fascista è disposto a tutto purché gli si conceda che lui è il padrone, il padre.

Amen.

Intermezzo. Bestie, coca e nazifasci

Il caso Morisi

La vicenda riguardante Luca Morisi, che esplode con fragore lunedì 27 settembre, è grave non tanto da un punto di vista giudiziario (finirà con l'archiviazione), ma da quello etico e politico. Il trionfo dell'ipocrisia.

Metà agosto 2021. Cascinale di Belfiore (Verona), di proprietà di Morisi. Il guru della Bestia salviniana è nella sua mansarda in compagnia di un 50enne. Lo raggiungono due ragazzi: sono di nazionalità rumena, hanno circa 20 anni e vivono fuori dalla provincia di Verona. Morisi li ha scoperti e contattati in rete. I quattro restano in casa per almeno dodici ore. «Un festino, probabilmente. Almeno a mettere insieme i racconti dei vicini, che hanno riferito di rumori per tutta la notte» («il Fatto»). Secondo una di queste vicine, peraltro, i rumeni sarebbero rimasti non 12 ore ma 2 giorni, durante i quali lei ha sentito "rumori" di continuo.

Quando i due rumeni vanno via, uno dei due chiama i carabinieri perché si sente male e «quella notte mi ha rovinato la vita!». Dice anche che Morisi lo ha pagato 4mila euro. La testimonianza dell'altro rumeno è discordante. I carabinieri arrivano e trovano nell'auto un flacone: i due ammettono subito di fronte ai militari dell'Arma che è Ghb, la cosiddetta "droga dello stupro". I due – scrive «la Repubblica» – dicono di averla avuta "gratuitamente" da Luca Morisi, ora indagato per cessione di stupefacenti. Ma stanno mentendo. Le chat riveleranno che la Ghb l'ha portata uno dei rumeni e l'inchiesta su Morisi verrà di lì a qualche settimana archiviata.

Scatta la perquisizione nel cascinale. Dentro l'abitazione di Morisi vengono ritrovati circa 2 grammi di cocaina, non occultati. Il possesso di quella modica quantità è un semplice illecito amministrativo, ma il racconto dei due rumeni fa partire l'inchiesta della Procura di Verona. Dopo 40 giorni di silenzio, il caso esplode e travolge Morisi e – di carambola – pure Salvini.

Questa vicenda pone alcuni interrogativi etici e politici.

1) Salvini conosce Morisi nel 2012. Per nove anni lo ha visto tutti i giorni. Senza Morisi non si muoveva una foglia. Era potentissimo e presentissimo dentro la Lega e nel cerchio magico salvinianio. È certo possibile che Salvini non si sia accorto di nulla in nove anni, ma è anche un po' strano.

2) Dal racconto dei vicini, dalle ricostruzioni dei quotidiani e dalle deduzioni della Procura, il quadro che emerge è che Morisi abbia organizzato un festino con tre uomini nella sua mansarda, facendo uso di droghe e chiamando due ragazzi ventenni rumeni che non aveva mai visto prima. Quindi: contesto gay (Pillon ha detto che «lo sapevano tutti»), uso di droga (Pillon ha detto che «lo sapevano tutti») e presenza di "stranieri". Ovvero tre dei bersagli più mitragliati per anni da Salvini e Morisi.

Ovviamente Morisi può vivere il suo privato come vuole. Ma il punto è un altro: quanto è smisuratamente e incredibilmente ipocrita la Lega salviniana?

Due pesi e due misure

È sacrosanto che tu resti al fianco di Morisi, caro Salvini. Hai ragione: con gli amici si fa così. Si sta loro vicino, soprattutto nei momenti di difficoltà. Perciò bravo.

C'è solo una cosa che mi ferisce: i tuoi eterni due pesi e due misure. Anche ammesso che tu non ti sia mai accorto in nove anni (...) delle fragilità così rilevanti di uno dei tuoi migliori amici, mi viene da chiederti: avresti trattato con questa meritoria empatia anche casi analoghi?

Ovviamente, la mia, è una domanda retorica.

Giolitti diceva che le leggi con gli altri si applicano e con gli amici si interpretano. Tu fai lo stesso, non solo con le leggi ma pure con la morale. Sei lo stesso che voleva indiscriminatamente «incatenare gli spacciatori con la palla al piede ai lavori forzati»? – e ovviamente Morisi rilanciava il post anche nei suoi profili privati?

Sei lo stesso che, se la medesima cosa fosse capitata a Conte, Bersani, un migrante o il sottoscritto, a quest'ora invocherebbe la pena di morte e aizzerebbe il branco contro il nemico ferito?

Sei lo stesso che, a Bologna, circondato da un codazzo di telecamere, citofonò (magari su idea di Morisi) a casa di uno sconosciuto per chiedergli se spacciava, e magari quel tizio era innocente (come voglio sperare e credere lo sia Morisi), e adesso quel gesto empio ti si è ritorto contro perché ti sta prendendo per il cul@ tutto il web?

Sei lo stesso che dice di amare De André, ma del *Pescatore* ha capito al massimo la frase «la la la la la la la la»?

Sei lo stesso che, a proposito di fragilità esistenziali, è passato con un tir sopra la memoria di Federico Aldrovandi e Stefano Cucchi, generando ancora più dolore e strazio nelle loro famiglie?

Ecco, Salvini. Quello che hai scritto su Luca Morisi è bellissimo, e dico sul serio. Ma il fatto che tu abbia usato questi toni così belli e cristiani solo con lui dà forse la misura della persona che sei. E probabilmente siete.

Shitstorm di ritorno

Vedete, Salvini e Morisi, qual è il problema di una propaganda politica che punta quasi tutto sulla manganellata e sullo shitstorm?

Il problema è che poi, tra una citofonata carognesca e un post orgogliosamente xenofobo, prima o poi il karma ti prende le misure e ti fotte. Ci fotte. Vi fotte.

E a quel punto succede che immagini come questa, create e generate da voi per colpire i clandestini, vi si ritorcano contro e diventino meme tanto ironici quanto feroci, puntualmente virali in un batter d'occhio.

È il web, bellezza (o monnezza). Funziona così.

Vergogne mediatiche

Salvini su Morisi: «Vergogna mediatica. In un Paese civile prima di sputtanare qualcuno si aspetta che sia la giustizia a fare il suo corso».

Oh, Salvini: ma sei serio? Sei lo stesso che, d'accordo con Morisi, spalava quintali di sterco su chiunque molto prima che la giustizia facesse il suo corso, dai migranti a Cucchi, dalla Boldrini al sottoscritto, dalla Azzolina al «Fatto», da Speranza a Conte, eccetera eccetera eccetera?

Sai che c'è, Salvini? Che la ruota gira, e al karma gli ipocriti stanno sui coglioni.

Buona fortuna a Morisi, innocente a livello giudiziario ma colpevole come pochi (e tra i pochi ci sei tu) a livello etico e morale.

Chissà se ora capirete la lezione. Ne dubito, ma ci spero.

Il noto paladino Salvini

«Altro che dare la caccia agli omosessuali nella Lega. La sinistra in Calabria candida condannati a 13 anni di carcere!».

È così che Salvini ha commentato l'abnorme sentenza su Mimmo Lucano. Come vedete, dal caso Morisi non ha imparato nulla. Anzi.

Nessuno «dà la caccia a Morisi». E certo la sinistra non lo attacca perché "omosessuale". Questa casomai è la politica del noto paladino dei diritti civili Salvini, unita alla comunicazione di Morisi, che per anni ha massacrato indistintamente chi fa uso di droga e ha sabotato in ogni modo i diritti degli omosessuali (ddl Zan, raduno bigotto di Vienna, etc).

In merito poi ai "condannati candidati": ci prendi in giro, Salvini? Parli proprio tu, leader di un centrodestra che candida di tutto e che al Quirinale vorrebbe uno come Berlusconi?

Siamo davvero oltre ogni indecenza. Ora più che mai, perché i leader confusi e feriti diventano ancora più verbalmente violenti. E dunque più lividi e pericolosi.

Usare la vicenda drammatica di un amico per infierire ancora di più su Mimmo Lucano: si può scendere più in basso di così?

Come Di Caprio in *Wolf of Wall Street*

Salvini insiste: «Attaccano Morisi per attaccare me, è un'inchiesta senza prove, un errore privato che non ha rilevanza penale».

No, Salvini. Attaccano Morisi perché ha spalato (con te) scherno & insulti anche e soprattutto su drogati, stranieri e omosessuali. E poi in privato faceva esattamente quello su cui voi infierivate senza pietà.

Per me Morisi è sempre stato giuridicamente innocente. Il punto infatti non è – per me – mai stato giuridico: bensì etico, bensì politico. Sono i vostri due pesi e due misure, il problema. È la vostra ipocrisia, il problema.

Morisi è liberissimo di vivere la vita privata convinto di essere Di Caprio in *Wolf of Wall Street*, ma non è libero di bombardare (con te) le persone che fanno lo stesso o molto meno. È quello il problema. Se quel che è capitato a Morisi fosse capitato a Casalino, Speranza o simili, tu e i tuoi avreste infierito fin oltre i brandelli dell'avversario. E non avreste certo parlato di garantismo, «sbagli privati» e «fragilità esistenziali irrisolte» (di cui, finora, non vi è mai fregato nulla).

Sei a fine corsa, non ne becchi mezza e ormai ti schifa anche buona parte del tuo partito. Capisco il tuo dramma. Ma non esagerare nel prenderci per il culo, amico mio.

Pillon va alla guerra (santa)

Davvero cristiane e solidali le parole del mai retrogrado Pillon al «Foglio», uscite il giorno dopo lo scandalo.

«La droga e i festini? Non mi stupiscono, (Morisi) non mi è mai piaciuto. Matteo si circonda di persone sbagliate. (La vicenda Morisi) non mi stupisce, viste le note attitudini del personaggio. La giustizia divina ha fatto il suo corso. A me questo Morisi non è mai piaciuto. Mai. Poi mi ha sempre fatto la guerra, ora capisco tante cose».

«Adesso capisco quando a Verona, al congresso mondiale della famiglia, Morisi si mise di traverso. Non voleva che Matteo vi partecipasse, diceva che era divisivo, poco conveniente politicamente».

«Luca decideva tutto: diceva chi andava in televisione e chi no. Sceglieva i contenuti. Non mi mandava mai in tv, ma io ho i miei canali [...]. Per me è una brutta notizia per l'uomo e pregherò per lui nonostante la guerra che mi ha sempre fatto, ma magari è una bella notizia per la Lega».

«(Sui gay presenti nella Lega). Sta parlando della corrente Mykonos? Sono i gay del mio partito. Li conosco tutti. Tra Camera e Senato non bastano due mani per contarli. Niente di personale, ci mancherebbe. Ognuno vive come vuole. Basta saperlo. Questo sì».

Pillon ha poi smentito parte del colloquio, forse perché qualcuno lo ha sgridato dall'alto. Quelle affermazioni dicono però tre cose.

1) Pillon è irricevibile e pericoloso. Leggendolo viene una gran voglia di difendere e abbracciare Morisi, le cui colpe non sono certo i gusti sessuali o le debolezze esistenziali.

2) La Lega non è un partito: è una polveriera.

3) La Lega salviniana è il partito più ipocrita del mondo.

Come ragiona la destra

Nella Lega, ma anche per quell'altra fenomena della Meloni, il progetto programmatico ha da sempre funzionato così:

- fingersi paladini della famiglia tradizionale, salvo poi averne ognuno due o tre con tanto di figli fuori dal matrimonio;
- fingersi cristiani, roteare rosari che nemmeno i *lazos* nei rodei del Montana, brandire crocefissi come fossero salamelle, ostentare invocazioni di beate vergini e tutti i santi, e poi chi se ne frega se quelle povere anime muoiono in mare;
- fingersi giusti e non rispettare nemmeno il dolore dei morti ammazzati e delle loro famiglie pur di difendere ottusamente le forze dell'ordine anche quando dentro quella divisa ci sono solo dei criminali;
- fingersi garantisti ma al primo indizio di forse, di quasi, di si dice e hai visto mai, spalare merda a carrettate contro chiunque;
- fingersi onesti e in un amen fottersi 49 milioni come fosse antani;
- caricare a molla i propri elettori contro il vaccino ma poi andarselo a fare di soppiatto come i ladri;

- disprezzare omosessuali, drogati e immigrati facendone il punto forte del programma elettorale, quindi, a quanto pare, op-là, il teorico di questa strategia mediatica, in un colpo solo, chiama a raccolta tutta questa variopinta fauna per organizzare festini a base di sesso, droga e rock'n'roll, magari offrendo pure qualche dose a ricordo dell'allegra serata;
- scivolare stupiti giù dal pero scoprendo chi era il tipo con cui lavoravi da dieci anni, così intimamente da respirare ognuno le scorregge dell'altro.

Ecco, nonostante questi fuochi di artificio di contraddizioni, falsità, disonestà e ipocrisie, questo è uno dei partiti più votati di questo bel Paese.

Sono parole di mio padre Luciano, che su Facebook si firma Orso Grigio. Ma è come se fossero mie.

Contrappassi

Quindi, ricapitolando: festini gay, uso di droga, presenza di rumeni.

Anni e anni di propaganda becera, violenta e spietata bruciati in una sola notte.

Praticamente il contrappasso del secolo.

Stefano lo hanno ammazzato

Ora so che tutte le durissime prese di posizione di Matteo Salvini contro Stefano Cucchi e la mia famiglia hanno un volto: Luca Morisi, indagato dalla Procura di Verona per detenzione e spaccio di sostanze stupefacenti.
Così almeno leggo sui giornali.
Leggo delle sue pubbliche scuse a Salvini e al partito: «Ho delle fragilità irrisolte». Così si giustifica. Quanta gratuita sofferenza ci ha inflitto oltre al dolore per Stefano.
Eppure io lo perdono. Lo perdono perché mi piace pensare che abbia capito e che ora condivida la disperazione che portiamo sulle spalle.
Lo perdono. Sì.
Però Stefano lo hanno ammazzato.

Così Ilaria Cucchi. Impeccabile, purtroppo.

Processualmente innocente, eticamente colpevolissimo

È finita come ho sempre pensato e scritto: con un'archiviazione.

Della vicenda giudiziaria legata a Morisi non mi è mai interessato nulla, le chat private sui suoi gusti sessuali non vanno pubblicate e le deposizioni dei rumeni facevano acqua da tutte le parti. Infatti la droga dello stupro l'aveva portata uno dei rumeni e non Morisi. Archiviazione, quindi.

Quando capita ad avversari di destra e renziani, prima scatenano la macchina del fango e poi nascondono l'archiviazione. Sono delle bestie (che ora fanno pure gli offesi, con la solita faccia come il culo). Io no: io non sono come loro. Noi non siamo come loro.

Questa archiviazione, per me giusta quanto scontata, non sposta di una virgola quello che era e resta il tema vero: Morisi è moralmente ed eticamente responsabile di continui massacri mediatici. È responsabile dello sdoganamento dell'odio come arma social di propaganda politica. Ed è anche espressione massima di ipocrisia e doppiopesismo: isolava, dileggiava e massacrava (con Salvini) omosessuali, drogati e "stranieri", ma nel suo privato faceva l'opposto. Un'ipocrisia inquietante e colpevolissima.

Abbiamo la conferma di tutto: Luca Morisi è processualmente innocente, ma eticamente, moralmente e politicamente da ergastolo.

Il successo e l'ignoranza

Luca Morisi? Quello che mi chiedo è come facesse a vivere, in termini di felicità, la contraddizione interna tra la sua omosessualità e il suo fare la guerra agli omosessuali. Come viveva questa contraddizione interna spaventosa?

Il successo di Salvini è dovuto proprio a una diffusione dell'ignoranza. In una società complessa, dove la gente fa fatica a orientarsi, chi offre una soluzione semplice e, magari a livello emotivo, inapplicabile, funziona. Ma funziona dove l'umanità è diventata gregge che, come dice Nietzsche, desidera l'animale-capo. È l'ignoranza che funziona.

Umberto Galimberti. Perfetto.

Fascisti su Milano

Tra il 30 settembre e il 3 ottobre, a ridosso del voto, commento il caso Fanpage con questi post sulla mia pagina Facebook.

(30 settembre, tarda sera)

L'avete vista l'inchiesta di Fanpage rilanciata stasera da *Piazzapulita*?

Fascistoni, adoratori di Hitler, massoni. Insulti a ebrei e neri, saluti romani, "boia chi molla", richieste di finanziamento in nero. E molto altro ancora, compresa la Russia di Putin.

Un bel quadro da vomito, nonché qua e là da galera, che vede coinvolti anzitutto il "Barone Nero" Roberto Jonghi Lavarini, già candidato alla Camera da FdI nel 2018 e condannato a due anni per apologia del fascismo, ora infaticabile nel cercare di "permeare" anzitutto Fratelli d'Italia (ma non solo) con esponenti di estrema destra. Trovando, parrebbe, assai poca resistenza.

Tra i più vicini al Barone Nero si rivela l'europarlamentare Carlo Fidanza, quello a sinistra nella foto, pezzo grosso di FdI e vicinissimo alla Meloni, che nei video dell'inchiesta fa allegramente saluti romani e battute sgradevoli sugli ebrei, ride orgoglioso quando sente/vede riferimenti fascisti, appoggia la candidata FdI alle Comunali milanesi Chiara Valcepina (avvocatessa che ride di gusto quando interlocutori immaginano di mettere le bombe nei barchini dei migranti) e si mostra assai disponibile di fronte all'ipotesi di finanziamenti "Black" (in nero). Ma solo di nascosto, «perché in un anno e mezzo mi gioco tutta la carriera» (e te la sei giocata parecchio male, fenomeno!).

Un quadro RAGGELANTE.

Ovviamente la Meloni, mai citata nella prima puntata dell'inchiesta, non ne sapeva nulla ed è ignara che nel suo partito illibato (o attorno ad esso) ci siano fascisti, nazisti e razzisti. Tutto accade senza che lei sappia mai nulla. Ovvio. Le crediamo.

Ora però che tutto è alla luce del sole, e a prescindere da eventuali implicazioni giudiziarie, per prima cosa la Meloni espellerà dal partito Fidanza e Valcepina per condotta etica irricevibile. Giusto Meloni?

Tra un urlo pesciarolo e l'altro, cara Donna Giorgia, facci sognare!

(primo ottobre, mattina)

Dopo la messa in onda dell'agghiacciante inchiesta di Fanpage da parte di *Piazzapulita*, Fratelli d'Italia (in evidente difficoltà) si arrampica pateticamente sugli specchi e cincischia: «Valuteremo le responsabilità. Vogliamo il girato integrale. Non prenderemo per oro colato quanto riportato con il palese intento di infangare la nostra onorabilità».

Meloni, non farmi ridere. La "vostra onorabilità", sempre ammesso che sia mai esistita, l'ha infangata anzitutto Fidanza con la sua cricca di fascistoni. Anche solo in quei primi 13 minuti, Fidanza & compari fanno saluti romani, pronunciano battute su ebrei e neri, si dichiarano fascisti, sghignazzano immaginando migranti che saltano in aria, sfottono Berizzi e alludono a adoratori di Hitler. E Fidanza in persona, europarlamentare e uomo potente in seno a Fratelli d'Italia, "insegna" al giornalista infiltrato come finanziare in nero la campagna elettorale della sua protetta a Milano.

Non c'è per ora nulla di penalmente rilevante, ma c'è tutto di moralmente e politicamente vomitevole. E non c'è bisogno di «aspettare il girato integrale» per cacciare Fidanza e la sua (tua) candidata alle Comunali di Milano Chiara Valcepina. A un certo punto un personaggio della cricca di Fidanza & soci dice testualmente: «Lui ha la svastica tatuata sulla schiena... bene, bravo, un vero patriota...». Non basta questa frase per defenestrarli tutti?

Apologia del fascismo, razzismo, esortazione a frodare la legge sul finanziamento dei partiti: ce n'è già abbastanza per cacciare per direttissima Fidanza. Qui e ora. O Meloni lo espelle subito, o lei e il suo partito non rientrano pienamente nell'alveo della democrazia. Tutto il resto son chiacchiere, seghe mentali, arrampicate sugli specchi e rutti fascisti.

(primo ottobre, pomeriggio)

Una buona notizia: Fidanza si è appena autosospeso.

Non è certo merito di Meloni. Donna Giorgia sta facendo di tutto per buttarla in caciara, che è poi il suo sport: «Sono rigida ma non me ne vogliate se non giudico i miei dirigenti sulla base di un filmato».

Come no. La Meloni è rigida, Salvini è coerente e Giletti è Montanelli. Certo.

Non si tratta di giudicare un dirigente da un filmato, ma di cacciare a pedate uno che consigliava di fare finanziamenti in nero, dileggiava ebrei, frequentava fascisti, razzisti e adoratori di Hitler (*cit.*), faceva il saluto romano, sfotteva il giornalista Berizzi e faceva comunella – sempre alla cena di fine campagna elettorale del 22 settembre – con chi applaudiva se qualcuno aveva le svastiche tatuate sulla schiena.

Lo scandalo, già adesso, è troppo grande. E non può che peggiorare. Infatti Fidanza si è autosospeso. Il minimo sindacale. Ma non basta: uno così deve abbandonare per sempre la politica. O farla giusto nell'Impero Centrafricano di Bokassa.

Eia eia alalà!

(primo ottobre, sera)

Stravolta dalla rabbia e quasi trasfigurata, oggi la Meloni è stata incalzata da Fanpage. Ne è uscita malissimo e tra poco pubblicherò il video integrale.

Meloni ha "aggredito" il giornalista chiedendo a Fanpage le 100 ore integrali di girato. Ha parlato di inchiesta a orologeria. E ha detto che quei 13 minuti di video non sono per lei sufficienti per cacciare Fidanza («lo conosco da 20 anni»). Quindi, per la Meloni, insulti a ebrei, saluti romani e richieste di finanziamenti in nero non sono sufficienti per allontanare un dirigente.

Basterebbe anche solo questo per capire come funziona Fratelli d'Italia.

Ma c'è di più. Quando il giornalista le chiede di condannare apologia del fascismo e razzismo, lei dice testualmente: «Non c'è spazio in Fratelli d'Italia per razzisti, per antisemiti e per paranazisti».

Attenzione, perché è una frase dentro la quale c'è tutta la "filosofia" di FdI: nella lista delle depravazioni che non fanno parte del suo partito, la Meloni si guarda bene dall'aggiungere il "fascismo". Tutto, ma quello no: perché non può citarlo.

Non c'è spazio per razzisti, ma il fascismo è razzista. Non c'è spazio per antisemiti, ma il fascismo è antisemita. Non c'è spazio per paranazisti, ma è stato il fascismo a generare prima e sdoganare poi il nazismo.

Ne consegue che, in Fratelli d'Italia, c'è spazio eccome per il fascismo. E dunque, *de facto*, c'è spazio pure per razzisti, antisemiti e paranazisti. E quindi c'è spazio anche per Fidanza. Che Meloni ha imbarazzo a cacciare non tanto perché sia suo amico, ma perché in quel partito Fidanza ci sta benissimo.

Daje Giorgia!

(3 ottobre)

In un video girato (pare) direttamente nella cripta di Nosferatu e diffuso sui suoi profili social, rompendo peraltro il silenzio elettorale, Donna Giorgia Meloni ha frignato e delirato: «Per quanto si possa fingere di non vederlo, era tutto studiato. Scientificamente, a tavolino. A due giorni dalle elezioni. Non da Fanpage, ma da un intero circuito, o circo, se vogliamo. Era tutto studiato. Non ho niente di cui vergognarmi. Diamo fastidio ai poteri forti».

Una disonestà intellettuale senza precedenti. E una banalità comunicativa senza pari. Meloni imita Berlusconi, Renzi e Salvini e parla di giustizia/inchieste a orologeria. Frigna e fa la martire, spostando l'attenzione dal contenuto dell'inchiesta (per il suo partito imbarazzante e moralmente abominevole) e se la prende col giornalismo e i poteri forti (di questa fava).

Meloni, nun ce prova'. Il punto non è quando l'inchiesta sia uscita. Il punto è perché il tuo partito sia pieno di fascisti e permeabile da nazisti e antisemiti. Il punto è il comportamento abietto di uno dei tuoi fedelissimi (Fidanza). Il punto è la tua classe dirigente. Sono i razzisti, gli antisemiti. Il punto è che, anche solo da quei 13 minuti, emerge un ritratto che somiglia più a una fogna che a un consesso partitico.

Rispondi su questo. Non sulle cazzate.

(E se non ti vergogni dopo un video come quello di giovedì, hai la coscienza foderata di ghisa e C4).

La politica green di Frau Valcepina

Signore e signori, ecco a voi la mitologica Chiara Valcepina! Avvocato, 47 anni. Laureata con lode alla Statale di Milano. Nel sito Upuf si presenta così: «Opero autonomamente nel settore delle esecuzioni», e qui scende per un attimo il terrore. Che poi però passa, perché sta parlando di diritto civile e di famiglia.

Dopo il video di Fanpage, Valcepina ha minacciato diffide e querele, ribadendo di non avere mai raggirato la legge. Non ho dubbio alcuno. Ne ho di più su quello che dice. A tavola col Barone Nero, Valcepina dice di avere delle potenziali elettrici escort e che vorrebbe regalare filler e profumi per convincerle. Sta scherzando, e ci sta. Ci sta un po' meno che rida mentre il Barone Nero Jonghi Lavarini mima una fellatio e fa battute grevi, ma sticazzi. Ognuno frequenta chi può e chi vuole.

Valcepina, in quei 13 minuti, dà il meglio di sé in un altro incontro: quello coi sostenitori del 22 luglio. I presenti si definiscono "patrioti", che è il modo dei fascisti per non definirsi in pubblico "fascisti". Coraggiosissimi, 'sti camerati postcontemporanei. Valcepina non pare imbarazzata (eufemismo) dal contesto. Infatti fa pure lei il saluto romano. Per poi rivendicare fieramente il suo cognome tipicamente lombardo, a differenza di quel "meridionale" di Bernardo.

Ma il bello (?) arriva dopo. Una sorta di buzzurro fascio comincia a fare battute (?) su come ammazzare i migranti in mare. Testuale: «Abbiamo tutte queste barche vecchie, che dobbiamo farne? Pigli una retina a poppa, una retina a prua (pronunciato "priuuua" da bascia cummenda), tira giù il paranco e riempi, una bombetta dentro... cosa hai fatto? Smaltimento rifiuti!».

Quindi i migranti, per questo buzzurro fascio, sono "rifiuti" e vanno fatti saltare in aria. Le matte risate! E come risponde al buzzurro fascio l'esimia avvocatessa Valcepina cara a Fidanza? Così: «Politica green!». E giù tutti a ridere.

Ecco: una così, senz'altro onesta e incensurata, dopo una frase del genere non dovrebbe fare politica mai più. Ma proprio mai. Questa non è goliardia: è una *forma mentis* che fa paura, e che ci ricorda i tempi peggiori di questo Paese.

E invece no. Non solo Valcepina va avanti, ma piace: è stata poi eletta come consigliera a Milano, terza più votata in Fratelli d'Italia. Ed è stato eletto pure Francesco Rocca, un altro candidato vicinissimo a Fidanza che, nell'inchiesta di Fanpage, si vedeva mentre chiudeva tutto orgoglioso il suo intervento con un fascistissimo "Boia chi molla".

Lungi dallo stupirmi, questo dato mi conferma un'antica certezza: l'inchiesta (meritoria) di Fanpage non ha tolto mezzo voto alla Meloni. Anzi: ha reso "famosi" alcuni personaggi, tipo appunto Valcepina, che sono stati poi puntualmente votati per "solidarietà" da fascistoni e camerati vari.

In Italia funziona così, come ai tempi di Santoro e Luttazzi: chi odiava Berlusconi lo odiava di più e chi amava Berlusconi lo amava ancora di più. Per dispetto e a prescindere da inchieste e sentenze.

Condoglianze.

E Fidanza si gioca tutto

Dopo aver insegnato a un faccendiere (che in realtà era un giornalista in incognito) come effettuare pagamenti in nero, il mitologico Fidanza specifica che lui non potrà seguire la vicenda personalmente perché deve restare pulito.

Poi, convinto di essere furbo, pronuncia quella che rischia di restare una delle frasi del secolo: «Ci ho una partita in un anno e mezzo. Io mi gioco il futuro della mia carriera. Devo essere proprio... pulito!».

Ci sei riuscito alla grande, Fidanza. Genio vero. Daje "patriota"!

Il Barone Nero

Roberto Jonghi Lavarini, ovvero il Barone Nero, è una delle persone più respingenti e irricevibili del mondo. Fascistone dichiarato, frequentatore di razzisti, antisemiti e adoratori di Hitler. Più volte candidato in Fratelli d'Italia (l'ultima nel 2018), condannato per apologia del fascismo. Il peggio del peggio, politicamente (e non solo) parlando. Ma ha un pregio: la sincerità (quando gli fa comodo).

Il tentativo di Salvini, e soprattutto Meloni, di far finta di non conoscerlo è ridicolo. E lui ieri lo ha ricordato con nettezza: «Sono assolutamente indipendente e apartitico, ma nessuno faccia finta di non conoscermi o, peggio, si permetta di offendere gratuitamente me e la comunità di veri patrioti che, mio malgrado, in questo frangente ho l'onore e onere di rappresentare. Il 5% di voti della destra radicale fa gola a tutti ed è indispensabile».

Ovviamente è sacrosanto "offendere", e più ancora disprezzare – sperando che finisca al gabbio – la "comunità" da lui rappresentata, essendo composta da fascisti, razzisti, antisemiti, nazisti, eccetera. Feccia ideologica e morale che non ha nulla a che fare con la democrazia.

Ma vedere Salvini, e più ancora Meloni, che fingono di non saperne nulla fa ridere. Se Meloni allontanasse i fascisti da Fratelli d'Italia, temo che dentro quel partito rimarrebbero in quattro.

La nota antifascista Meloni

L'inchiesta di Fanpage ha fatto emergere, e non è certo la prima volta, la parte peggiore di Giorgia Meloni. Tale parte è emersa non per le sue implicazioni personali, visto che nelle immagini non compare mai, ma per la sua incapacità (deliberata) di prendere le distanze da uomini e ambienti inaccettabili. La buona salute elettorale di Fratelli d'Italia le farà credere che va bene così, e probabilmente ha ragione visto che in politica contano più che altro i numeri, ma a livello etico siamo ampiamente oltre la canna del gas. Rivediamo i punti cruciali.

1. Meloni, dopo aver visto i 13 minuti rilanciati da *Piazzapulita*, non ha cacciato all'istante Fidanza. Per Donna Giorgia quei minuti "montati da Fanpage" non sono sufficienti a cacciare un politico. Ne consegue che, per Meloni, non è sufficiente fare battute razziste e antisemite, frequentare paranazisti e – financo – ipotizzare pagamenti in nero per allontanare una persona dal suo partito. Complimenti per il pelo sullo stomaco.

2. Meloni è migliore di Salvini solo perché essere peggiori di Salvini è impossibile. Purtroppo per lei resta però una

politica assai banale. Nel momento di massima difficoltà ha reagito come Berlusconi, Salvini o un Renzi qualsiasi: «inchiesta a orologeria», «diamo fastidio ai poteri forti» e altre menate. Mamma mia che noia. E che banalità.

3. Chiedere le 100 ore integrali di girato serve solo a buttare la palla in tribuna. In primo luogo quei 13 minuti sono ampiamente sufficienti a cacciare Fidanza e Valcepina. In secondo luogo, volendo fare una battuta: se in 13 minuti c'è tutto quello schifo, figuratevi in 100 ore!

4. Dieci giorni dopo l'inchiesta di Fanpage, Meloni ha spiegato al «Corriere della Sera» che i nostalgici del fascismo sono degli «utili idioti della sinistra», che li usa per far credere al mondo che Fratelli d'Italia sia fascista. Una tesi convincente quanto un discorso di Luciano Nobili sulla meccanica quantistica (ma potevo fermarmi a "Nobili"). Se poi non c'è spazio per i nostalgici del fascismo, perché Meloni li continua a candidare? E non dica che non se ne accorge, perché se candidi Rachele Mussolini a Roma vuol dire che tu i nostalgici del fascismo li ami. Li cerchi. Li calamiti. Deliberatamente.

5. Come le ha ricordato Elly Schlein, se la Meloni ha così tanto tempo libero da poter visionare 100 ore di girato di Fanpage, potrebbe ritagliarsi anche solo dieci secondi per pronunciare pubblicamente la frase che proprio non riesce a dire: «Sono convintamente e sinceramente antifascista!». Finché non lo farà, e lascerà che troppi attorno a lei frequentino l'abominio umano, non sarà pienamente credibile.

Anche la Lega ha la rogna

Una settimana dopo il servizio su Fidanza & soci, *Piazzapulita* e Fanpage rivelano nella seconda puntata dell'inchiesta ciò che sapevamo già: anche la Lega, come Fratelli d'Italia, ha la rogna. E ha pure i fascisti.

La seconda (ma non ultima) puntata fa persino più vomitare della prima. C'è Borghezio che trama col Barone Nero per dare una svolta pienamente fascionazista alla Lega, sfruttando la debolezza di Salvini.

C'è il suo fidato Ciocca, europarlamentare Lega, il più votato nel 2019 dopo Salvini, quello della scarpa sopra il documento di Moscovici, orgoglioso di incarnare l'ala di estrema destra della Lega che deve al Barone Nero almeno 5mila dei 90mila voti presi. Attorno a lui gente orgogliosamente fascista con tanto di croci celtiche. Ciocca spera di fare come i militari nella Prima e Seconda guerra mondiale. Ora però Ciocca, ma solo dopo l'inchiesta, denuncerà il Barone Nero. Prima no, eh?

Poi c'è Max Bastoni, quello a sinistra, consigliere regionale Lega, orgogliosamente vicino ai neonazisti di Lealtà Azione. C'è Stefano Pavesi, consigliere di zona della Lega, estrema destra, Lealtà Azione, un passato con accuse di bagarinaggio e uscite fascionaziste. E c'è pure la mitologica Silvia Sardone, europarlamentare Lega, quella che su Facebook fa pure la fenomena, vicinissima a Bastoni, che distribuisce i pasti ai bisognosi e nel frattempo fa campagna elettorale sfruttando la miseria delle persone e la forza militante di Lealtà Azione.

L'allegra brigata, per ammissione di Borghezio, si ispira a Terza Posizione, altra nota congrega fascista. I militanti fascisti di Lealtà Azione non possono essere eletti ufficialmente, quindi li si assume come aiutanti e portaborse (per esempio della Sardone). E li si fa entrare dalla porta secondaria in consiglio regionale. Daje!

Uno scenario da vomito. Nazifascismo ed eversione pura. Attendiamo a breve che Salvini, che nel servizio fa pure la figura del mezzo fesso politico che prima ammicca ai fascisti e poi si fa fregare da loro, cacci seduta stante (al netto di eventuali ripercussioni giudiziarie che ora non mi interessano) Borghezio, Ciocca, Bastoni, Pavesi e la diversamente genio Sardone, come ha fatto Meloni con Fidanza e Valcep... ah no, ho sbagliato esempio.

Sons of Fascism

Più va avanti l'inchiesta di Fanpage sulla Lobby Nera e più sento di essere d'accordo con Meloni: è davvero il caso di vedere tutte le 100 ore di girato.

Così, invece di doverne dimettere tre o trenta, a lei e a quell'altro toccherà radere al suolo l'intero partito o giù di lì. E la finiremo una volta per tutte con questa rumenta di estrema destra.

Dai, Fanpage: falle – ma soprattutto facci – vedere tutto il girato. È tempo di sognare fino in fondo: vogliamo che le vette raggiunte coi Fidanza e le Sardone diventino una vera e propria saga. Almeno dieci stagioni da dieci puntate l'una, su Netflix o Amazon Prime.

Dopo *Breaking Bad* e *Sons of Anarchy*, vogliamo *Breaking Democracy*. Oppure *Sons of Fascism*. Sarebbe bellissimo!

Partigiani

Caso Morisi? Mi viene in mente il detto "predicare bene e razzolare male". Penso che questa persona se lo sia meritato, perché, sapendo quello che faceva e predicando quello che predicava, poteva aspettarsi che da un momento all'altro venisse fuori la verità. Salvini, poi, per Stefano Cucchi non ha mica avuto tanta pietà. Ha detto praticamente che era un drogato e che se l'era cercata. Adesso che, invece, tocca a casa sua, trova la pietà.

Giorgia Meloni? È una furbona. Sa parlare bene, ma tutti lo sanno che il suo partito è nostalgico del fascismo. È inutile che dica tante parole. Lo sappiamo tutti che i fascisti, se devono scegliere un partito, optano per Fratelli d'Italia. Che poi abbiano loro gruppi come Forza Nuova o CasaPound, non significa che i fascisti non votino per Giorgia Meloni alle urne.

Secondo me, molta gente inneggia al fascismo senza sapere cosa è stato. Queste manifestazioni assurde, che a me danno molto dolore e molta rabbia, dipendono dalla non conoscenza del fascismo. Sarebbe necessario riconoscere quello che nella nostra vita c'è ancora del fascismo. Quando si sente qualcuno incitare all'odio e cercare un colpevole di tutto, anche questa è una forma di fascismo. Hitler ha colpevolizzato gli ebrei, Mussolini ha colpevolizzato gli oppositori. Oggi è una forma di fascismo discriminare una persona perché è handicappata o perché ha la pelle più scura o perché ha qualche difetto.

Teresa Vergalli, partigiana, ex insegnante e scrittrice.

Sono mamma

La Meloni?
Sono mamma, sono cristiana, sono italiana.
Sì, ma sei anche un po' fascista.

Corrado Augias. Gioco, partita e incontro.

Sfascistoni. Parte seconda

La memoria

Se questo Paese avesse anche solo una minima memoria storica, la destra (così concepita, e dunque diversissima da quella di Giolitti o Merkel) avrebbe percentuali degne di Ferrara, Paragone e Adinolfi. Il niente o quasi.

Se ha i numeri che ha, il primo motivo è proprio nella mancanza italica di memoria storica. In questi casi si suol dire che gli italiani hanno la memoria storica dei pesciolini rossi, che pare arrivi al massimo a un giorno, ma è già troppo: l'italiano medio ha la memoria storica dei pesciolini rossi. Però quelli morti.

No Vax Sì Dux

Dentro una pandemia così tragica, destra e sinistra avrebbero dovuto fare squadra. È accaduto il contrario. Salvini e Meloni hanno titillato sin dall'inizio le pulsioni più becere, ignoranti e negazioniste della popolazione italiana. Hanno illuso i commercianti che si potesse aprire e che il cattivo fosse Conte. Hanno assecondato le proteste più inutili e volgari.

E – soprattutto – hanno ammiccato ai No Vax, ma senza neanche il coraggio minimo di professarsi tali. Salvini, in merito, si è definito "Free Vax": una cosa che non vuol dire niente, e dunque come definizione è perfetta. La delegittimazione dei vaccini, la protesta contro il Green Pass e altre "battaglie" analoghe sono per entrambi soltanto un modo vile e immorale per ravanare quel sottobosco fascio-ignorante che Bersani ha genialmente definito "No Vax Sì Dux". Tutta gente che sognerebbe una dittatura efferata come quella di Mussolini, però poi straparla di "dittatura sanitaria" se il governo chiede agli italiani di vaccinarsi. Ovvero il minimo sindacale, dentro una pandemia.

Meloni e Salvini hanno colpe storiche non emendabili.

È anche colpa di Meloni e Salvini

Le due "manifestazioni" contro il Green Pass svoltesi a Roma sabato 9 ottobre, organizzate e frequentate (quasi sempre) da quel mix mefitico di estrema destra, ignoranza e violenza a caso, sono puntualmente sfociate nella violenza.

In piazza del Popolo, dove erano presenti circa 10mila persone, un manifestante è salito su un blindato e all'ingresso di via del Babuino c'è stato un lancio di sedie contro gli agenti schierati. Scontri e fumogeni anche quando i manifestanti hanno incontrato il blocco di poliziotti e finanzieri schierati in assetto antisommossa per bloccare l'ingresso in piazzale Flaminio. Nel tentativo di aggirare il blocco i No Green Pass, tra cui molti elementi di Forza Nuova, sono venuti a contatto con le forze dell'ordine.

Il «Fatto Quotidiano» così riporta:

> Un gruppo di partecipanti, principalmente di estrema destra, si è fermato poco dopo davanti alla sede della Cgil vicino a villa Borghese e ha tentato di entrare nel palazzo del sindacato, scontrandosi nuovamente con il gruppo di agenti che presidiava la zona. Dopo aver vandalizzato l'ingresso, in

> centinaia sono rimasti sulle scalinate del palazzo del sindacato, tra cui il leader nazionale di Forza Nuova Roberto Fiore e quello romano Giuliano Castellino, intonando il coro «Giù le mani dal lavoro» e «Sciopero». Alcune centinaia di manifestanti contro il Green Pass hanno provato a raggiungere Palazzo Chigi, esplodendo bombe carta lungo il percorso.

Le immagini del vile assalto alla sede della Cgil fanno il giro del web. Di lì a poco Fiore e Castellino vengono arrestati. Tra i dodici fermati c'è anche uno dei leader del movimento caricaturale Io Apro, tal Biagio Passaro, uno che nei mesi scorsi aveva incontrato Sgarbi e Salvini per trovare una sponda politica e che, quel sabato, filma e posta tutto orgoglioso l'assalto alla Cgil romana. Genio vero. Tra gli arrestati ci sono pure Pamela Testa, un'altra leader di Forza Nuova, e financo Luigi Aronica, uno dei fondatori dei primi Nuclei Armati Rivoluzionari, nome in codice "Er pantera di Monteverde". Il Pd e Conte chiedono lo scioglimento di Forza Nuova. La condanna, da destra, è invece molto più blanda. Addirittura la Meloni arriverà in Parlamento a evocare la "strategia della tensione". Secondo lei quelle violenze sarebbero state in qualche modo permesse e "autorizzate" dal ministro Lamorgese, per poi mettere in cattiva luce la destra parlamentare. Delirio puro in odor di eversione.

Il giorno dopo gli scontri, e quindi con tutta calma, Meloni si è dissociata dalla violenza (e te credo!) aggiungendo di non conoscere "la matrice" di quello squadrismo. Te la spiego io la matrice: il fascismo, e quindi la violenza, e quindi l'ignoranza, e quindi la deficienza.

Oltretutto Meloni ha espresso solidarietà a Landini e Cgil partecipando in Spagna alla convention della formazione di ultradestra Vox, che è un po' come dire di amare gli animali mentre si sgozza coi denti un agnello. Sempre in Spagna, quel giorno Donna Giorgia si copre di ridicolo gridando a una piazza piena: «*Yo soy Giorgia, io soy una mujer, yo soy una madre, yo soy italiana, yo soy cristianaaaaa!*». Una poracciata fuori scala.

Ovviamente Meloni e Salvini, da un punto di vista fisico, con la violenza di Roma non c'entrano nulla. Ma il problema è un altro: Lega e Fratelli d'Italia flirtano da sempre con No Vax, No Pass, Io Apro ed estrema destra (spesso la stessa cosa). Conoscono benissimo Fiore e Castellino. E li conoscono perché i voti per loro non puzzano. Neanche se vengono dal fascionazismo. Del resto, nelle liste dei due partiti a Roma e non solo a Roma, fascisti e affini non mancavano di sicuro.

Quindi è ovvio che Meloni e Salvini non possono esporsi fino in fondo sullo schifo visto a Roma: con quello schifo, purtroppo, hanno politicamente a che fare da un bel po'. E questo è inaccettabile.

Meloni infatti conosce Castellino da decenni. Nel 2009, quando era ministro del governo Berlusconi, partecipò alla commemorazione di Acca Larentia (da anni uno dei principali luoghi di ritrovo dell'estrema destra romana) e ad accoglierla c'era proprio Giuliano Castellino, che le fece da servizio d'ordine. Già all'epoca della visita come ministro, sulle mura esterne del luogo della strage comparivano murales di croci celtiche e simboli runici.

Ancora un altro legame? La sede di Forza Nuova, a Roma, non è del tutto estranea a Fratelli d'Italia. In particolare, l'appartamento di via Paisiello fu occupato da Forza Nuova mentre era nella disponibilità del «Giornale d'Italia». Poi, a seguito di una procedura legale di sfratto, rientrò nella piena disponibilità della Fondazione Alleanza Nazionale. Ovvero il partito da cui poi è nato Fratelli d'Italia.

Per quanto riguarda Salvini, la Lega ha candidato più volte esponenti di estrema destra, per esempio di CasaPound. Come ricorda Next, nel febbraio 2015 venne lanciata Sovranità, una formazione politica durata pochissimo e nata dall'appoggio dei "fascisti del terzo millennio" al leader della Lega; lui e i vertici di CasaPound condividevano piazze, palchi, e cene al ristorante.

Una fotografia del 12 maggio 2015 ritrae Salvini, tutto sorridente, a tavola con i principali leader del movimento neofascista, fra i quali Simone Di Stefano, Gianluca Iannone e Francesco Polacchi, titolare del marchio con un picchio stilizzato chiamato "Pivert", quello che Salvini indossò all'Olimpico durante la finale di Coppa Italia Juventus-Milan (ovviamente persa malissimo dal Milan, perché Salvini non è esattamente un portafortuna sportivo). Polacchi è stato condannato a un anno e quattro mesi di carcere per i pestaggi avvenuti a piazza Navona nel 2008. Che bella gente!

Ecco perché gli scontri del 9 ottobre, e non solo quelli, sono anche colpa di Salvini e Meloni. Colpa delle loro frequentazioni. Del loro deliberato "equilibrismo". Del loro benaltrismo. Del loro essere "Free Vax", del loro essere "dentro le istituzioni, però...". Del loro giocar di continuo ai concavi e ai convessi. Per questo, di nuovo, ha ragione Fabrizio De André: per quanto voi vi crediate assolti, siete per sempre coinvolti.

Il quasi camerata Pippi

Pippi Mellone, sindaco di Nardò. Fedelissimo di Emiliano e al tempo stesso definito – forse impropriamente – "sindaco di CasaPound". Lui rintuzza:

> Non ho mai avuto la tessera di quel partito. Con CasaPound, così come con tutti gli altri partiti, come Rifondazione comunista, abbiamo organizzato diverse iniziative. Non conta di certo essere di destra o sinistra. Da giovane, invece, ho militato in Alleanza Nazionale e Azione Giovani, non disconosco nulla delle mie origini politiche. Dal 2013 ho smesso di credere nell'orientamento politico. Il mio movimento, infatti, si chiama "Andare oltre", superando quindi le categorie vuote di destra o sinistra. Basta etichette, basta catalogarmi. Sarebbe stupido e fuori dal tempo. Sicuramente sono più di sinistra io che Carlo Calenda.

E quest'ultima cosa è verissima, ma vale praticamente per chiunque.

Mellone, 36 anni, è noto per due bravate che di sinistra non hanno nulla e di fascistello parecchio. Vent'anni fa commemorò Sergio Ramelli, diciottenne militante del Fronte della Gioventù, aggredito nel 1975 a Milano da un gruppo di militanti vicini ad Avanguardia operaia e morto più di un mese e mezzo dopo per i traumi riportati. Nel video sono in molti (Mellone no) a fare il saluto romano e chiamare Ramelli "camerata". Il video era tornato attuale perché prima delle Regionali 2020 lo aveva ritirato fuori Calenda, che così facendo credeva di lanciare la volata al candidato renziano Scalfarotto (poi votato da quattro gatti).

Assai più grave e recente l'idea di chiudere l'Anpi. Nel febbraio 2020, su Facebook, il tenero Pippi se ne esce così:

> Oggi, 10 febbraio, la comunità di Nardò rende onore ai martiri delle foibe e dell'esodo giuliano-dalmata. Chi, ancora oggi, rifiuta di riconoscere le dimensioni di questa tragedia e reclama l'oblio per Norma Cossetto e tante altre vittime dei comunisti titini deve solo vergognarsi. Mi riferisco, in particolare, all'anonima Anpi Lecce, una sigla dietro la quale si nascondono uomini e donne fuori dal tempo e dalla civiltà. L'Anpi Lecce dev'essere chiusa al più presto, perché rappresenta un pericolo per la democrazia.

Oggi dice che quel post fu una provocazione. Che è poi quello che, quasi sempre, dicono quelli di destra (molto destra) quando qualcuno gli fa notare che hanno esagerato: era una provocazione, era una bravata, era una goliardata. Evidentemente funziona: a ottobre il Pippi è stato riconfermato sindaco di Nardò a furor di popolo. Settanta per cento e maggioranza bulgara di 20 consiglieri comunali su 22. Inarrestabile, anche se qualcuno continua a non esultare.

Quando Emiliano è andato a esprimere solidarietà alla Cgil di Nardò dopo le violenze fasciste accadute a Roma sabato 10 ottobre, gli iscritti lo hanno contestato. Facendogli notare che la solidarietà fa piacere, mentre la sponda con chi ammicca a CasaPound molto meno.

Lo stupido & il mentecatto

Ruggiero Flavio Basile. Sguardo vispo. Eloquio sublime. Fattezze da basso dadaismo. Capelli puliti come un monolocale bombardato a Bengasi. Consigliere comunale a Barletta. Ex Lega. Ora Gruppo misto.

Durante una seduta in aula del 21 maggio, gesticolando manco fosse tarantolato, l'insigne statista Basile dichiara: «Io non mi offendo se mi chiamano fascista, ok? È lo stupido e il mentecatto che si offende. Il fascismo ha fatto tante belle cose, ok? Qua bisogna sfatare il mito del fascismo e del comunismo!».

Dopo questi florilegi, il mancato balilla Basile comincia pure a urlare a caso, lamentando l'imprecisata maleducazione dei "comunisti".

Il video del suo sproloquio travestito da arringa è diventato virale. La mia più viva solidarietà a chi, a Barletta, deve sorbirsi gente simile senza mai averla votata.

Il Green Pass di Castellino

Giuliano Castellino, leader di Forza Nuova. Fiero No Vax, fiero No Green Pass. È lo stesso che nel 2009 accompagnò Giorgia Meloni alla commemorazione di Acca Larentia. È lo stesso che a ottobre è stato arrestato per l'assalto carognesco alla sede della Cgil di Roma. Peraltro Castellino ha il braccialetto elettronico più o meno dai tempi del governo Badoglio, ma fa sempre il cazzo che gli pare e ad ogni manifestazione non manca mai. Strano Paese, l'Italia.

Castellino grida da sempre a caso contro il regime, e sì che lui di regime si intenderebbe pure, ma si rende protagonista anche prima delle violenze di ottobre. A fine agosto lo beccano allo stadio a vedere la sua Roma.

Come ha fatto a entrare? Col Green Pass. L'odiatissimo (da lui e dai fasci) Green Pass. Ottenuto, nel suo caso, facendosi il tampone.

Come a dire: la "dittatura sanitaria ok", suona bene come slogan e magari qualche bischero ci crede pure, poi però quando c'è da vedere la partita sticazzi.

Che mandria coerente, 'sti fascisti.

Bruci all'inferno

Francesco Biamonti, consigliere comunale della Lega a Cogoleto (Liguria). Il 27 gennaio 2021, nel Giorno della Memoria, assieme ad altri consiglieri della minoranza si esibisce ripetutamente nel saluto romano. Per difendersi dalle polemiche, il Biamonti dice che in realtà la vittima è lui. E lo fa con una giustificazione che sa di leggenda:

> È successo durante i voti, il sistema elettronico di voto non funziona e abbiamo sempre votato allo stesso modo, con il braccio alzato; ma non bisogna fermarsi a guardare soltanto il fermo immagine, bisognerebbe guardare l'intero filmato del consiglio comunale. Anche a sinistra votano col braccio alzato, è normale. Su questo c'è stata una grande strumentalizzazione da parte della sinistra, e di questi giovani ragazzi in consiglio comunale che si sentono autorizzati a bullizzare noi più anziani.

Quindi è tutta colpa dei giovani che bullizzano gli anziani. Tipo il Biamonti.

Ma non è il punto più basso della sua esaltante carriera. Subito dopo la morte di Gino Strada, il genio di Cogoleto scrive su Facebook: «Un'insopportabile compagno che voleva africanizzare l'Italia, bruci all'inferno». È tutto vero, anche l'errore ortografico. Col consueto coraggio dei fasci, Biamonti cancella poi il post. Ciò nonostante, e ci mancherebbe altro, la Lega lo caccia.

Perfetta la replica dell'Anpi di Genova:

> Non è un colpo di sole ad aver suggerito a Francesco Biamonti di scrivere parole offensive e di scherno contro Gino Strada. È lo stesso concetto di fascismo morale che il consigliere – che benché sospeso dal suo partito continua a svolgere il mandato amministrativo – aveva già espresso il 27 gennaio scorso facendo il saluto romano nel consiglio comunale apertosi con la commemorazione del Giorno della Memoria. Anpi Genova chiede ora un segnale forte: o il consigliere, vista la sua incapacità a partecipare alla vita democratica, sceglie l'auspicata via delle dimissioni, o siano le istituzioni, al massimo livello, a dichiararne l'incompatibilità. In un'estate già piena di segnali allarmanti, come la richiesta di tornare a intitolare ad Arnaldo Mussolini il parco Falcone e Borsellino a Latina, o addirittura di riportare al nome di Hitler il piazzale dei Partigiani a Roma – propositi esposti da altri esponenti leghisti, inaccettabili nei loro ruoli attuali e futuri – l'insulto a Gino Strada, uno degli italiani migliori, non solo è ributtante, ma ci mostra l'urgenza di interventi concreti per rimuovere dagli incarichi pubblici chi gioca con il fuoco delle parole contro i diritti civili e democratici.

Nulla da aggiungere. E molto da piangere.

Casi umani veri

Fabio Tuiach. Nato a Trieste. Pugile, o almeno così diceva lui. Politico, o almeno così dice ancora lui. Eletto in consiglio comunale con la Lega nel 2016. Dopo aver sostenuto che il femminicidio non esiste, il vicesindaco ne chiede l'espulsione. Passa così a Forza Nuova, ma è troppo estremo persino per loro. Quindi passa al Gruppo misto. Spara belinate a raffica, e per questo è spesso ospite di "Peppino Dj" Cruciani a *La Zanzara*, ma essendo molto permaloso e querelante cancello tutto e scrivo qui che Tuiach vale con agio Franklin Delano Roosevelt. Ovviamente è stato uno degli agitatori delle buffonate No Pass di ottobre a Trieste, alle quali partecipava sgranando il rosario. Pochi giorni dopo ha comunicato di avere contratto il Covid, che fino a pochi mesi prima secondo lui era «una punizione per i froci» (*sic*).

Ecco un *best of* dei suoi deliri tratto da Wikipedia, che peraltro è stata buona.

«Maometto? Era un pedofilo e noi non accetteremo mai questa cultura».

Ha giustificato l'omicidio di Stefano Cucchi da parte delle forze dell'ordine con la motivazione che essendo lui spacciatore se lo sarebbe meritato.

Nel gennaio 2019 propone una mozione per impedire il Gay Pride a Trieste asserendo, senza prove, che «i Gay Pride in passato si sono macchiati di sconcerie e atti osceni anche davanti ai bambini» richiedendo alla «diocesi di Trieste di organizzare, con tutti i cattolici, un rosario pubblico riparatore all'abominio del Gay Pride».

Il 18 novembre 2019, durante una discussione del consiglio comunale di Trieste sul voto al conferimento della cittadinanza onoraria a Liliana Segre, è intervenuto dicendo che si sarebbe astenuto perché «da profondamente cattolico» si era sentito «offeso» dal fatto che Segre avesse ricordato che Gesù era ebreo e che fu ucciso dagli ebrei.

Ad aprile 2020, durante la pandemia di Covid-19, ha proposto tramite un post su Facebook di multare le donne che si fossero rifiutate di fare sesso con i propri mariti, asserendo che una sana vita sessuale, unita al benessere spirituale, avrebbe aiutato a combattere lo stress da isolamento.

Nel gennaio 2020, al programma *La Zanzara*, ha associato l'atto omosessuale a un rito di iniziazione satanica, che seguirebbe a un "lavaggio del cervello" mediatico fin dai tempi dell'adolescenza. Secondo Tuiach, l'omosessualità non sarebbe né una malattia né una tendenza innata, ma deriverebbe da un condizionamento ambientale rispetto al quale «molte persone sono guarite, sono diventate normali e si sono sposate». La vita in castità sarebbe l'alternativa alle pene dell'inferno, in ossequio al Medioevo, «apice della cristianità» e modello di ispirazione per ogni cristiano.

Nel 2017 aveva affermato che sovente i femminicidi sarebbero un'«invenzione della sinistra», non suffragata dai numeri e alimentata dalla propaganda massonica pro-Lgbt.

Successivamente, commentando a caldo l'omicidio di Pamela Mastropietro, asserì invece che ci sono molti immigrati che spacciano e «uccidono le donne».

Il 27 gennaio 2021, nel Giorno della Memoria, ha pubblicato sul suo profilo social presso VK una foto di Adolf Hitler sorridente attorniato da una folla festosa.

Il 17 febbraio 2021 ha commentato con un post omofobo la notizia di un'aggressione omofoba accaduta a Trieste:

> Un esponente Lgbt è stato picchiato e scoppia il caso omofobia a Trieste, siamo in campagna elettorale e succede ogni volta ma forse ha litigato con il fidanzato per la vasellina. Grande solidarietà da parte di tutte le forze politiche ma ricordiamoci che in più di un terzo dei Paesi al mondo non esiste il problema omofobia perché per i gay c'è il carcere o la pena di morte. Noi avevamo il rogo un tempo, mentre in Russia c'è la legge anti-gay come in tutto l'Est e per questo loro non accolgono palestrati che fuggono da Paesi omofobi.

A conferma di come l'Italia sia non di rado un Paese sin troppo misericordioso, e peraltro quasi mai con chi lo meriterebbe e viceversa, uno così è ancora a piede libero. E fa pure ancora politica. Basaglia ci ha sopravvalutato.

Il feldmaresciallo Milo

Sul petto ha l'aquila con il fascio littorio. Sul braccio sinistro sfoggia il profilo di Benito Mussolini e pure la scritta gigante DVX, giusto per sottolineare ancora di più la sua vagamente intuibile appartenenza politica.

Ecco a voi Milo Mancini, nostalgico del fascismo candidato consigliere in Municipio XII con Fratelli d'Italia. Ad appoggiare Michetti lo scorso ottobre, ebbene sì, c'era pure lui.

Tre fascistoni per la Lega a Roma

Erano tre gli aspiranti consiglieri municipali nelle liste della Lega che arrivavano da CasaPound.

Il primo era Simone Montagna, candidato presidente di Cpi nel 2016 in Municipio XIII e poi nel 2018 candidato alla Camera dei deputati con le tartarughe frecciate. Un flop fragoroso, come pure quello negli anni seguenti di dare un volto più garbato e "civico" alla formazione di estrema destra con Volontà Romana, pronta – va da sé – a flirtare con Fratelli d'Italia. Fortuna che poi è arrivata la Lega a dare un'altra chance a questo gran bel Montagna.

C'era poi il «commerciante e militante di CasaPound Italia» Alessandro Aguzzetti (su Twitter si presentava così). Giovane presidente del CdQ Difendiamo Acilia, già candidato di CasaPound in Municipio X nel 2013. Nell'ultima campagna elettorale girava sul litorale romano su un camion vela: Aguzzetti per Monica Picca presidente. Da Ostia a Dragona fino a Vitinia, sempre in ascolto del territorio con la sua struggente rubrica settimanale "Dillo ad Aguzzetti". Roba forte.

Infine, nelle liste della Lega, c'era Alessandro Calvo. Nel 2013 il Calvo si candidò presidente di CasaPound e prese 548 voti. Cioè lo 0,9%. Numeri che neanche Renzi.

La Lega, a chi gli aveva fatto notare le tre presenze imbarazzanti (per noi ma non per loro), rispose negando accordi organici con CasaPound. Null'altro che tre casi isolati. Questa la spiegazione data a RomaToday: «Nessun accordo con CasaPound. Il tema è che queste persone fanno politica sul territorio, se non esiste più il loro partito di riferimento è chiaro che cerchino una nuova collocazione. Sarebbe anche inutile bruciare una generazione o far sì che resti marchiata a vita come CasaPound».

Capito? Sarebbe un peccato bruciare una generazione di nuovi fascisti. Dunque tanto vale imbarcarli in Lega o Fratelli d'Italia. Non fa una piega, in effetti.

Il tatuatore

«La sua mano», ricordava a settembre non senza un certo lirismo RomaToday, «ha tatuato decine di calciatori e dipinto le coreografie più belle della curva nord e adesso, parole del suo slogan elettorale, è pronta a "ridisegnare Roma"».

Francesco Cuomo, militante della frangia più estrema della Lazio, era candidato al Comune con Fratelli d'Italia in appoggio a Michetti.

Il tema forte della sua campagna elettorale nella squadra della Meloni era il recupero dello stadio Flaminio, «perché possa tornare la casa della Lazio proprio come fu per quasi quarant'anni e fino all'inizio degli anni Sessanta».

Cuomo non è stato eletto, come pure altri fascistoni in quota Meloni e Salvini. Ma è stato grave anche "solo" candidarli.

Il tenero Naclerio

Settembre 2021. In consiglio comunale a Vicenza prende la parola Nicolò Naclerio, Fratelli d'Italia, consigliere delegato alla Sicurezza. E quel che dice è leggenda: «Tutti gli ultimi casi di aggressioni a gay e lesbiche sono ad opera di genitori musulmani ai figli. Con questa immigrazione forzata che voi della sinistra imponete, non è che siete voi i portatori d'odio, violenza e morte?».

Scende il gelo e passano quasi in secondo piano le fregnacce della leghista Franca Mattiello, subentrata al dimissionario Filippo Busin e salita agli onori delle cronache per aver condiviso un post su Facebook nel quale si paragonava il Green Pass all'Ahnenpass di hitleriana memoria.

Naclerio però non si ferma e va avanti: «Consideriamo gli omosessuali e tutte le altre persone che si vorrebbero tutelare con questa legge uguali a qualsiasi altro cittadino, pertanto già tutelati dal codice penale. I dati mostrano un centinaio di aggressioni a soggetti Lgbt in dieci anni e questo non giustifica un'emergenza in alcun modo. Non sono in via di estinzione. Sarebbe un insulto a tutte le forze dell'ordine e verso tutti quei cittadini che quotidianamente sono aggrediti da immigrati irregolari in tutta Italia».

(Anche?) questo è Fratelli d'Italia.

La Principessa Fiorella

16 marzo 2018. Il consiglio comunale di Desio approva una mozione che invita a non concedere spazi cittadini, patrocini e contributi a chi non rispetta i valori della Costituzione Italiana. Nella presentazione della mozione si fa riferimento in particolare all'emergere di attività di propaganda politica da parte di organizzazioni di estrema destra che incitano all'odio razziale e che si richiamano apertamente al fascismo e al nazismo.

Fiorella Carpignaghi, all'epoca candidata e militante di Forza Nuova, la prende bene e scrive su Facebook parole al miele: «Spero vivamente che alcune consigliere subiscano violenza e stupro da parte di qualche bel nigeriano... ma forse è proprio ciò che cercano». Durante quel consiglio, peraltro, alcuni esponenti di Forza Nuova – tra i quali la Carpignaghi – cercano pure di disturbare i lavori dell'aula con atteggiamenti minacciosi.

Le consigliere di maggioranza, alle quali la Carpignaghi evidentemente si riferiva, la denunciano per diffamazione aggravata. Il 10 settembre 2021 si conclude il procedimento delle consigliere contro la stessa, che – spiega il Pd di Desio – «davanti al giudice ha manifestato, attraverso la scrittura di una lettera allegata al verbale di conciliazione tra le parti, il proprio rincrescimento e le proprie scuse per le offese arrecate, riconoscendo altresì una parte dei costi derivanti dall'azione legale».

Le consigliere Arienti, Perego, Ravasi, Ricchiuti, Sicurello e Smiraglia ricevono dunque le scuse pubbliche della Principessa Fiorella e accettano di conciliare. Uno stile, e un garbo, che la gentil donzella Carpignaghi non credo meritasse.

Gim dagli occhi verdi

Ettore Muti. Fascistissimo fin dagli albori della malsana dottrina mussoliniana. Uomo d'azione, squadrista convinto, segretario del Partito Nazionale Fascista dall'ottobre 1939 fino al 28 ottobre 1940. Morto a Fregene il 24 agosto 1943 in circostanze oscure.

Era soprannominato "Gim dagli occhi verdi".

A questo vero democratico è stata intitolata la sede della Lega a Guidonia Montecelio, 90mila abitanti, terzo comune del Lazio dopo Roma e Latina. Una simile pensata così esaltante appartiene anche e soprattutto ad Alessandro Messa. Avvocato e salviniano, al momento senza incarichi. Fino al 2017 è stato consigliere comunale nell'amministrazione comunale di destra «travolta dall'operazione "mafia bianca", lo scandalo sulla gestione del Comune costato già una decina di condanne, sindaco berlusconiano Eligio Rubeis incluso» (così riassume «Globalist»). Per entrare nel partito di Salvini, peraltro, Messa si è avvalso dell'espulsione della fondatrice locale Giovanna Ammaturo.

Si vola come se non ci fosse un domani.

Grazie, camerati!

Mentre Donna Giorgia Meloni, insieme ai vari fedelissimi tipo quella sagoma di Donzelli, negano l'evidenza (ovvero che in Fratelli d'Italia ci siano fascisti) e minimizzano lo scandalo portato alla luce da Fanpage prendendosela col giornalismo d'inchiesta, il 6 ottobre tal Massimo Robella, consigliere neoeletto in Circoscrizione 6 a Torino, pensa bene di ringraziare su Facebook i «TANTI CAMERATI che hanno lavorato x farmi entrare in CIRCOSCRIZIONE. LA DESTRA SOCIALE. In FRATELLI D'ITALIA!!! ROBELLA MASSIMO!».

Parole, maiuscole e grammatica *ad minchiam* sono testuali.

Quindi, mentre il caso Fanpage continua a montare (mai abbastanza però), i neo-consiglieri di Fratelli d'Italia ringraziano seraficamente la destra sociale (cioè i fascisti) e i camerati. Anzi i «TANTI CAMERATI».

Però non ci sono fascisti in Fratelli d'Italia, eh. Garantiscono Meloni & Donzelli, il nuovo duo De Rege della politica (si fa per dire) italiana.

In fondo le SS non erano male

Nicola Franco. Consigliere del Municipio VI di Roma, eletto nelle file di Fratelli d'Italia. A fine dicembre 2020, durante le assemblee in pandemia, si presenta online con alle spalle ben in vista – nella libreria di casa sua – due testi nostalgici di fascismo e nazismo. Alla sua destra, il libro scritto da Benito Mussolini *Un uomo, un popolo, un'idea*. Alla sua sinistra, invece, il testo di Henri Landemer *Le Waffen SS, i combattenti*.

Nota: le Waffen SS della Germania nazista vennero condannate durante il processo di Norimberga. Furono ritenute responsabili anche di diversi crimini contro l'umanità. Il libro di Landemer, pseudonimo del giornalista francese Jean Mabire, è stato molto contestato per le tesi riabilitative del nazismo che propone.

E dai che in fondo le SS non erano male!

Curve & saluti (romani)

Marzo 2021. Andrea Bacciga, legato alla curva sud dell'Hellas Verona, è ormai da anni consigliere comunale nella lista civica del sindaco Sboarina.

La sua vicenda giudiziaria risale a tre anni fa, quando la Lega veronese propose due mozioni per lasciare alle associazioni cattoliche più libertà nel contrastare l'aborto libero e gratuito, nonché l'attuazione di un programma di "sepoltura dei bambini mai nati" anche senza il consenso della donna coinvolta (e a carico della sanità pubblica). Durante quell'udienza in consiglio comunale, nel luglio del 2018, comparvero anche le attiviste dell'associazione "Non una di meno", pronte a dar vita a una protesta silenziosa e pacifica. Al loro ingresso in aula Bacciga fece il saluto romano. Una vicenda, questa, condannata da Pd e Anpi e per il quale Bacciga è stato rinviato a giudizio.

Il feeling tra Bacciga e Lega è antico. Come ricorda «la Repubblica», il nostro eroe ha sempre flirtato con la Lega. Insieme al leghista Vito Comencini si oppose a una mozione proposta dal centrosinistra ma condivisa anche da una parte della maggioranza, che chiedeva una ferma condanna nei confronti dei cori inneggianti il nazismo intonati alla festa dell'Hellas. Sempre con i leghisti di area cattolica aveva poi contestato duramente il disegno di legge Zan-Scalfarotto contro l'omotransfobia e la violenza di genere, bollandola come «una legge bavaglio che viola la libertà di pensiero». L'altro alfiere della mozione era Alberto Zelger, leghista, antiabortista e cattolico radicale, già promotore del congresso delle famiglie tradizionali.

Tutto molto bello, no? Ebbene: a marzo la Lega di Salvini tessera direttamente Bacciga, che passa quindi nel partito. Una vera e propria opa all'estrema destra veronese. Mica scemi.

Un parco per il buon vecchio Adolf

D'estate, mentre Durigon tira la volata al fratello finto buono di Mussolini, brilla la stella di Andrea Santucci. Vigile del fuoco. Ex consigliere comunale di Colleferro in quota Lega. La sua idea? Intitolare piazzale dei Partigiani a Roma Ostiense a un noto filantropo: Adolf Hitler.

Lo rivela «la Repubblica». La Lega si difende dicendo che Santucci parla a titolo personale e che non è più iscritto, «Repubblica» replica asserendo che Santucci è ancora attivo.

Il dubbio ci attanaglia ancora. Come pure la certezza che, se c'è un fascista in giro, nove volte su dieci carambola in Lega o Fratelli d'Italia.

Siamo come topi

Manuela Bonafortuna, professoressa. Il 19 giugno 2021 sale tra gli applausi sul palco del No Paura Day a Torino. Il suo intervento viene ripreso e il video, a settembre, diventerà virale.

Vestita in maniera procace e assai a suo agio nel ricevere le urla entusiastiche della folla (si fa per dire) No Vax, la professoressa Bonafortuna ha il coraggio di pronunciare testualmente quanto segue: «Siamo come topi, in attesa che vengano a stanarci. Ci riconosciamo tra di noi, manco fossimo Anna Frank nascosti in soffitta. Aspettiamo che qualcuno ci venga a stanare. Vi staneremo, ha detto Figliuolo. Ma vai a cagare, Figliuolo». Il video diventa famoso perché a ottobre la Bonafortuna, insegnante delle superiori alla scuola pubblica, si candida nella lista civica Uniti per San Mauro, un comune di quasi 20mila abitanti della cintura torinese. A sostegno di chi? Ovviamente del candidato di centrodestra Paola Antonetto, appoggiato anche da Lega, Fratelli d'Italia e Forza Italia.

Hanno pure il coraggio di paragonarsi ad Anna Frank, questi qua.

Afa e mouse a Salò

Fine luglio. Fa caldo in tutta Italia e dunque anche a Jesi. A metà delle riunioni delle Commissioni consiliari 2 e 3 del Comune di Jesi, peraltro mentre si sta discutendo di un progetto di accoglienza, per difendersi dalla calura il consigliere comunale di centrodestra Chiara Cercaci sventola un cartoncino, con rappresentato sopra il simbolo della Repubblica di Salò: tricolore, aquila e fascio littorio.

Sul momento non se ne accorge nessuno, poi qualcuno lo nota per via dello streaming. La diretta interessata si giustifica dicendo che sentiva caldo, e dunque ha cominciato a sventolarsi col tappetino del mouse.

La prima notizia è che c'è ancora gente che nel 2021 usa il tappetino del mouse. La seconda è che c'è gente che fabbrica tappetini del mouse nazifascisti. La terza è che qualcuno li compra. E fa pure politica. *Vamos!*

Quasi come Auschwitz

Andrea Asciuti è consigliere della Lega a Firenze ed è uno dei tanti geni che si paragona ad Anna Frank perché non vuole il Green Pass ma lo Stato, cattivone, lo obbliga ad averlo.

Son problemi grossi.

In una nota delirante di fine luglio, piena di quelle scempiaggini e luoghi comuni che spopolano tra negazionisti, complottisti e No Vax, Asciuti ha vomitato le seguenti parole: «Io non mi vaccino. Cominciò così anche lo sterminio degli ebrei [qui Asciuti cita pure Primo Levi]. Non iniziò con le camere a gas. Non iniziò con i forni crematori. Non iniziò con i campi di concentramento e di sterminio. Iniziò con i politici che dividevano le persone tra "noi" e "loro". Iniziò con i discorsi di odio e di intolleranza, nelle piazze e attraverso i mezzi di comunicazione».

«Vengono i brividi perché è proprio quello che sta accadendo, quello che si sta ripetendo», prosegue quel gran genio di Asciuti. «Ormai è ufficiale, dopo un anno e mezzo di imposizioni assurde, dopo un periodo in cui i governi hanno calpestato i più elementari diritti dei cittadini lo Stato di diritto è stato ufficialmente cancellato il 22 luglio, una data che resterà nerissima nella storia d'Italia con l'obbligo del Green Pass che ha, di fatto, instaurato un governo autoritario». Asciuti, noto virologo, cita poi i «numerosi effetti collaterali molto gravi» e afferma che «i vaccini sono realizzati utilizzando, in sede di test e/o di coltura, linee cellulari ricavate da feti abortiti».

Uno così è consigliere comunale a Firenze, ci tengo a ricordarvelo.

Asciuti conclude in bellezza:

> La discriminazione di una categoria di persone, che diventano automaticamente cittadini di serie B, è di per sé un fatto gravissimo, le cui conseguenze possono essere drammatiche per la vita democratica. Lo si sta affrontando, con il cosiddetto Green Pass, con inconsapevole leggerezza. Ogni regime dispotico ha sempre operato attraverso pratiche di discriminazione, all'inizio magari contenute e poi dilaganti. Non a caso in Cina dichiarano di voler continuare con tracciamenti e controlli anche al termine della pandemia.

Un simile delirio ha portato persino la Lega, almeno ufficialmente, a dissociarsi. Ma nel frattempo Asciuti resta consigliere a Firenze. E resta pure, che io sappia almeno, dentro la Lega.

Cene fasciste a loro insaputa

«E Fratelli d'Italia celebrò la marcia su Roma. Una cena-evento – con tanto di menù dedicato – per ricordare l'ingresso dei militanti del Partito nazionale fascista nella capitale (28 ottobre 1922). Succede ad Acquasanta Terme, in provincia di Ascoli Piceno. La sezione locale del partito di Giorgia Meloni ieri – giorno del 97° anniversario della marcia – ha organizzato una cena al ristorante hotel Terme, molto conosciuto in zona. "Il 28 ottobre 1922 è un giorno memorabile e indelebile, la storia si rispetta e si commemora", scrive Fratelli d'Italia sul menù-invito».

A scriverlo, il 29 ottobre 2019, è Paolo Berizzi – sempre in prima linea nella battaglia contro i fascisti – per «la Repubblica».

> La scritta campeggia accanto alla fotografia dell'Altare della Patria di Roma con sullo sfondo le frecce tricolori. Sul retro, l'immagine del busto di Mussolini e la citazione «Camminare e costruire e se necessario combattere e vincere». Il menù della cena – alla quale hanno partecipato una settantina di persone – riporta, accanto alle portate, un fascio littorio, il motto «Dio, patria e famiglia» (citato sul palco da

> Giorgia Meloni nella recente manifestazione di piazza San Giovanni intitolata "Orgoglio italiano") e l'aquila fascista con sopra il simbolo di FdI. «La grafica del menù è stata decisa da loro, noi ci siamo solo occupati di cucinare», dice Alessandro Cortellesi, titolare del ristorante Terme.

La «Repubblica» informa poi che Fratelli d'Italia, interpellata dal giornale, ha preso le distanze: «La realizzazione del menù alla cena di ieri sera ad Acquasanta Terme è un'iniziativa che non ha nulla a che fare con Fratelli d'Italia e che è stata presa senza averla condivisa con il partito. Noi non ne eravamo a conoscenza e ne prendiamo le distanze», dichiara Francesco Acquaroli, deputato marchigiano di FdI.

Ma il giorno dopo «Repubblica» scrive una cosa meravigliosa: a quella cena ha partecipato proprio la persona che aveva detto che Fratelli d'Italia aveva preso le distanze. Ovvero Acquaroli. «Una settantina di militanti, tra cui il sindaco di Ascoli Piceno, Marco Fioravanti, il deputato Francesco Acquaroli, e il coordinatore provinciale del partito, Luigi Capriotti. Si arricchisce di nuovi particolari il caso – denunciato ieri da "Repubblica" – della cena nostalgica di Fratelli d'Italia ad Acquasanta Terme, nell'ascolano, organizzata il 28 ottobre per onorare il 97° anniversario della marcia su Roma».

Non è meraviglioso? Rincara la dose Francesco Ameli, capogruppo Pd in consiglio comunale ascolano:

> Oggi alle 12 faremo una conferenza stampa per dire che a quella cena vergognosa erano presenti anche il sindaco di Ascoli, Fioravanti, il deputato Acquaroli e il coordinatore provinciale Capriotti, oltre al vicesindaco di Ascoli e al pre-

> sidente del consiglio comunale di San Benedetto del Tronto. Nel goffo tentativo di smentire e di dichiarare la loro estraneità, i politici di FdI confermano ciò che a noi risulta: e cioè che al ristorante Terme c'erano anche loro. Fioravanti ha dichiarato alle agenzie che «insieme all'amico Francesco Acquaroli sono passato a salutare un gruppo di amici ad Acquasanta che stavano festeggiando la vittoria in Umbria».

Qualcuno, in questi casi, userebbe la poca garbata immagine "la faccia come il culo". Ci starebbe bene.

Ah: il 21 settembre 2020, quello stesso deputato Acquaroli di cui sopra è diventato governatore delle Marche, vincendo le elezioni con il 49,13% dei voti. E già che c'era ha querelato l'allora segretario del Pd Nicola Zingaretti, reo di averlo accusato durante la campagna elettorale di avere partecipato a «una cena fascista». E già che c'eravamo è accaduto pure che Capriotti, quello che aveva organizzato la cena, sia divenuto a ottobre presidente della provincia di Ascoli Piceno.

È tutto bellissimo.

La torta autarchica

Fine gennaio 2021. Va in scena il commiato dal lavoro di un dipendente comunale a Napoli. In suo onore viene organizzata una festa all'interno della quarta Municipalità, che comprende i quartieri di S. Lorenzo, Vicaria, Poggioreale e la zona industriale. Il gran finale è il taglio della torta. Una torta particolare. Una torta autarchica, su cui è impresso il volto di Benito Mussolini.

La torta viene donata da un consigliere municipale, che riserva al festeggiato una dedica particolare: «Un grande uomo e un grande camerata».

Il festeggiato si chiama Nunzio Vitolo, che come fosse tutto normale (e per lui lo è) scrive bello soddisfatto su Facebook: «Mi hanno fatto una sorpresa l'ultimo giorno. Grazie a Enzo Morra, consigliere Municipalità 4 e a coloro che hanno collaborato con me. Non volevo emozionarmi, ma l'emozione c'è stata».

Ci uniamo ai ringraziamenti anche noi. Saluto al Duce!

Nazi-gadget

Il 30 marzo 2021, il consiglio comunale di Reggio Emilia approva meritoriamente una mozione che vieta la vendita di gadget nazi-fascisti su tutto il territorio. Niente più boiate putrescenti come i calendari di Benito Mussolini, le bandiere, le tazze, i portachiavi e tutti quegli ammennicoli con riferimenti al nazismo e al fascismo.

Il documento viene approvato con i voti della maggioranza, ma non all'unanimità. Si oppongono in due: Lega e Forza Italia. Ma guarda un po' che strano.

Forza (Nuova) Benignetti!

Nell'aprile del 2021, tal Alessandra Benignetti compone un gratuitissimo e mal scritto articolo contro di me per «il Giornale», riprendendo le tesi del renzianissimo affranto e decaduto Michele Anzaldi. Già così c'è un surplus di miseria inaudito: «il Giornale», Anzaldi, Renzi. Mancano solo Calenda nudo, le locuste e Mefisto.

Ma non finisce qui.

Chi è tal Benignetti? Nessuno. Lo so. Ma sforzatevi di seguirmi.

Nel sito del «Giornale», Ella si presenta con toni comicamente agiografici: «Nata nel 1987, vivo da sempre a Roma, città che amo. Sono laureata cum laude in Scienze politiche all'Università La Sapienza, giornalista pubblicista, moglie e mamma. Appassionata di geopolitica e relazioni internazionali, per il Giornale.it realizzo video reportage e inchieste seguendo da vicino i fatti di cronaca e l'attualità. Il mio obiettivo? Raccontare la realtà senza filtri e descrivere i fatti con obiettività, con uno sguardo sempre oltre il sipario».

Praticamente la nuova Fallaci. Bello! Ma ancora non sono del tutto convinto.

Pongo di nuovo la domanda: chi è tal Benignetti? Ce lo spiega «Giornalettismo» con un articolo del 2017, il cui titolo dice già tutto: *Chi è Alessandra Benignetti, la militante di Forza Nuova che fa video anti-immigrati per «il Giornale»*.

> Nel vasto mondo dell'informazione italiana può succedere di tutto. Anche che una militante (o ex militante) di Forza Nuova possa scrivere per il quotidiano fondato da Indro Montanelli. Da qualche mese, sui social network, si stanno diffondendo a macchia d'olio le inchieste e i video reportage della giornalista Alessandra Benignetti, un passato da attivista del movimento di estrema destra e candidata alla Camera dei deputati alle elezioni del 2013. Gli argomenti dei suoi articoli per «il Giornale» e dei suoi video reportage riguardano analisi geopolitiche, elementi di attualità provenienti dai quattro angoli del mondo, ma anche approfondimenti su fatti di cronaca italiani. Va da sé che, per questo ultimo settore, i soggetti preferiti degli articoli siano i migranti e i rom. A fine settembre, ad esempio, la Benignetti si è resa protagonista di un video in cui, in incognito, attraversa le strade di Roma a tarda sera e in pieno giorno. Il servizio, lungo circa 4 minuti, mostra diversi stranieri che cercano di importunare la Benignetti e la sua collega. E ha trovato una vasta cassa di risonanza sui social network. Ci si chiede se una ex militante di un movimento neofascista possa avere la giusta obiettività nel valutare i fenomeni migratori e le varie dinamiche che questi ultimi portano con sé.
>
> Nelle presentazioni in cui la Benignetti si descrive, tuttavia, il legame con Forza Nuova – almeno recentemente – sembra passare sotto silenzio. Eppure, la rete porta con sé tutti i ricordi e tutte le tracce di quello stesso passato.

Quindi: tal Benignetti ce l'ha con rom e migranti, bastona i giornalisti a lei sgraditi e fa di tutto per non ricordare al mondo (e forse anche a se stessa) la sua militanza in Forza Nuova. Una sorta di Maglie in diesis minore. Direi che ha un futuro assicurato come aedo di terza fila del fasciosalvinismo. Son soddisfazioni.

Tallini uno di noi

Domenico Tallini. Ex presidente del consiglio regionale della Calabria (Forza Italia). Rinviato a giudizio per corruzione e, per questo, bollato come impresentabile dalla Commissione Antimafia.

Open lo racconta così:

> Nato a Catanzaro, classe 1952, Tallini milita in Forza Italia ed è un ex dipendente dell'Enel. Per circa 25 anni è stato consigliere comunale a Catanzaro. Eletto in Regione a marzo 2020 per la quarta volta, ha guidato il consiglio regionale della Calabria fino all'ultima seduta prima dello scioglimento, determinato dalla morte prematura della governatrice Jole Santelli. Stipendio? Circa 18mila euro al mese. Per gli spostamenti due autisti: un consigliere comunale eletto nel centrosinistra a Crotone, e uno di centrodestra eletto nella sua Catanzaro.
> Alle Regionali del 2020, Tallini ha preso oltre 8mila preferenze. È diventato consigliere regionale per la prima volta nel 2005 tra le fila dell'Udeur, con circa 5mila preferenze. Nel 2010 è stato rieletto nelle liste del Pdl, ha ricoperto il ruolo di assessore al Personale e ha raddoppiato i consen-

si: circa 10mila preferenze. Un patrimonio di voti cresciuto ancora nel 2014, quando Tallini è stato nuovamente eletto con 11mila preferenze. Nel 2015 è diventato coordinatore provinciale di Forza Italia a Catanzaro, ma il suo cuore ha sempre battuto più a destra. I primi passi in politica risalgono alla Giovane Italia, associazione studentesca legata al Movimento sociale italiano di Giorgio Almirante, nelle cui liste Tallini fece ufficialmente ingresso nel 1981.

In un mitologico discorso ufficiale del giugno 2020, slogandosi per sempre la glottide nel pronunciare la parola "xenofobia", il Tallini ebbe a dichiarare:

> Il fascismo non era razzista, il fascismo è stato accusato in maniera volgare di essere andato in Africa e di aver civilizzato i paesi africani, più o meno la teoria che vorrebbero tanti oggi invece di consentire questa immigrazione e utilizzare questa carne da macello che arriva dai paesi del Nordafrica, andare a dare loro una mano nei loro paesi, questo avveniva in un momento in cui gli italiani andarono in Africa, portarono la civiltà in Africa, tant'è che forse voi dimenticate... lo so che... insomma... sono cose che non mi meraviglia se io ti dico che il nostro concetto di civiltà è questo... l'ultimo Negus d'Abissinia nell'ultima visita fatta a Roma e passando tra le strade di Roma salutava la gente con il saluto romano... ringraziando il popolo italiano per come si era posto nei confronti di quelle popolazioni.

Basterebbe e avanzerebbe così, ma c'è la ciliegina sulla torta: il 19 novembre il Tallini viene arrestato per 'ndrangheta e posto ai domiciliari con l'accusa di concorso esterno in associazione mafiosa e scambio elettorale politico mafioso. Secondo le indagini, avrebbe aiutato la cosca Grande Aracri a costituire una società per la distribuzione di prodotti medicinali ed è stato ricambiato con il sostegno alle elezioni regionali del 2014.

Aiuto.

Nazioni Future

Conoscete Nazione Futura? Vi aiuto io:

> Nazione Futura è un movimento di idee nato nella primavera del 2017 con l'obiettivo di favorire il dibattito politico-culturale e l'aggregazione di varie anime della società civile accomunate da valori e ideali comuni per migliorare l'Italia attraverso idee e proposte concrete. L'attività del think tank si struttura attraverso la pubblicazione di un trimestrale cartaceo di approfondimento politico, economico e culturale con cadenza trimestrale e un quotidiano online. Inoltre promuove l'organizzazione di convegni, presentazioni di libri collaborando con associazioni, centri studi, movimenti culturali in tutto il territorio nazionale.

Vero e proprio "hub" di pulsioni fasciste, Nazione Futura è animato da giovani fascistelli in erba travestiti da para-intellettuali. Per esempio Daniele Dell'Orco. Lui si presenta così:

> Nato ad Alatri nel 1989. Giornalista pubblicista, è laureato in Scienze della comunicazione presso l'Università

degli Studi di Roma Tor Vergata. Ha conseguito il Master in giornalismo Eidos e ha perfezionato gli studi presso la Cuny University di New York. Dirige il magazine online Cultora.it e la rivista trimestrale cartacea «Nazione Futura». È stato editorialista de «La Voce di Romagna» ed è collaboratore del quotidiano «Libero». Per InsideOver–ilGiornale.it ha realizzato reportage da dieci Paesi del mondo. Nel 2015 ha fondato la casa editrice Idrovolante. *Le ali di D'Annunzio* è il suo settimo libro.

Altro rampollo similare è Francesco Giubilei, cesenate classe 1992. Autopresentazione:

> Laureato in Lettere moderne all'Università degli Studi di Roma Tre e in Cultura e storia del sistema editoriale all'Università degli Studi di Milano, ha partecipato alla Summer School della London School of Journalism e della Cuny Graduate School of Journalism di New York. Nel 2008 ha fondato la casa editrice Historica, nel 2013 Giubilei Regnani Editore e il «Corriere della Sera» lo ha inserito nel *Catalogo dei viventi*. Dal 2015 è docente al Corso di editoria di Roma e Milano dell'Agenzia letteraria Herzog. Nel 2017 ha fondato la rivista «Nazione Futura», a partire dall'anno accademico 2017-2018 è professore a contratto all'Università Giustino Fortunato di Benevento con il corso "Autoimprenditorialità giovanile e creazione di impresa". È presidente della Fondazione Tatarella e del movimento di idee Nazione Futura, collabora con «il Giornale» e con varie riviste tra cui «The American Conservative» e «The European Conservative». Ha pubblicato otto libri [...]. Ha svolto confe-

renze e convegni negli Stati Uniti e in varie nazioni europee ed è spesso ospite delle principali televisioni nazionali come opinionista. È stato inserito da «Forbes» tra i 100 giovani under30 più influenti d'Italia.

Se volete capire che aria tira, e tirerà nell'estrema destra colta (sempre ammesso che tale asserzione non sia un ossimoro), leggete questi due qua. Anche se leggerli non vi risulterà né facile né divertente.

Letture di un certo peso

Ah: se poi non vi fossero bastate le letture consigliate nel capitolo precedente, vi consiglio siti di grande fascino come Primato Nazionale, simposio di CasaPound che ospita pure Sgarbi o Fusaro (quindi chiunque), oppure robette più marginali tipo L'intellettuale dissidente o L'antidiplomatico.

E se non vi bastasse tutto questo, potete sempre compulsare il catalogo della iper-destrorsa casa editrice Altaforte, quella che due anni fa pubblicò il mitologico *Io sono Matteo Salvini* a firma Chiara Giannini (in forza al «Giornale», *of course*). Un libro appena appena agiografico, scritto con uno stile involontariamente comico-dadaista e – quel che più conta – un meraviglioso volume boomerang: se n'è parlato tanto, ha venduto poco e dopo la sua uscita Salvini non ne ha beccata più mezza. Sia lode ad Altaforte!

Oddio, è morto Dante!

Elena Donazzan è assessora regionale all'Istruzione del Veneto per Fratelli d'Italia, e ci potremmo fermare qui perché già così fa molto ridere. Ma tocca andare avanti.

Il 25 marzo 2021 l'assessora invia un comunicato alle scuole ricordando che quella è una data importantissima perché «il 25 marzo 1321 muore Dante, dopo aver visitato in esilio larga parte del Veneto». Sbagliare una data così nota e storica era difficile, e in fondo bastava leggere Wikipedia, ma lei ci riesce: Dante è morto il 14 settembre 1321 a Ravenna.

Due giorni dopo (se la prende comoda...) Donazzan invia un'*errata corrige*, ma riesce mitologicamente a ripetere l'errore. Muta il passaggio incriminato in un più sicuro e largo «nel 1321 muore Dante», ma non le basta per reiterare la bischerata. Infatti, a inizio comunicato, si continua a sbagliare: «Carissimi, il 25 marzo è una data importante per la cultura italiana e la storia del mondo. Si celebreranno i 1600 anni dalla nascita di Venezia e i 700 anni dalla morte del sommo poeta Dante».

Genio.

E non finisce mica qui. La Donazzan è anche quella che, ospite de *La Zanzara*, disse che a *Bella ciao* preferiva *Faccet-*

ta nera. Si mise pure a cantarla, bella tronfia e bella garrula. Per poi, dopo le polemiche, ribattere a casaccio di «attacchi squadristi». Il solito film, la solita destra.

Via Almirante

Emanuele Locci è presidente del consiglio comunale di Alessandria. Eletto in una lista civica, è assai spesso in sintonia con Fratelli d'Italia.

A maggio ha una folgorazione: dedicare una via al noto democratico repubblichino Giorgio Almirante. Scrive su Facebook:

> Oggi ricorre l'anniversario della scomparsa di Giorgio Almirante. Sono orgoglioso di dire che per me rappresenta un esempio. In questo concordo con Giorgio Napolitano che in occasione del centenario della nascita del leader del Msi, da presidente della Repubblica, scrisse che Almirante «è stata espressione di una generazione di leader di partito che, pur da posizioni ideologiche profondamente diverse, hanno saputo confrontarsi mantenendo reciproco rispetto, a dimostrazione di un superiore senso dello Stato che ancora oggi rappresenta un esempio». Il senso dello Stato, delle Istituzioni, del Servizio verso la Patria e il popolo italiano sono iscritti nel dna politico di Almirante e rappresentano per me – come per generazioni di patrioti impegnati in politica – il faro a cui ispirarsi continuamente.

Quindi la proposta: «Non meriterebbe di essere ricordato nella toponomastica delle città italiane? Io ho intenzione di proporlo nella mia città».

Una gran bella idea: dedicare una strada a un criminale fascista caporedattore de «La difesa della razza» e responsabile in prima persona di rastrellamenti e deportazioni di ebrei. Tutte "critiche" a cui Locci replica così: «Sono esperienze giovanili da contestualizzare in una vicenda storica». E il bello è che, mentre lo dice, è pure serio.

Sasà

Salvatore Giuliano, per gli amici (se ne ha) "Sasà". A ottobre ha corso per un posto in consiglio comunale a Cologno Monzese con Fratelli d'Italia. Nella sua biografia pubblica su Facebook, prima che montasse la polemica, aveva scritto con orgoglio: «Prima di chiedermi l'amicizia sappi che sono fascista e odio gli islamici». Il testo era accompagnato da una mano, verosimilmente a indicare un saluto romano. Poi Sasà ha cancellato tutto, come sempre fanno i fascisti diversamente coraggiosi di oggi, e in questo loro essere senza palle son quasi sempre uguali a quelli di ieri, ma ormai era tardi.

Nostalgia canaglia a Cremona

A maggio, in piene restrizioni Covid, una piccola mandria di nostalgici va al cimitero di Cremona per omaggiare quei criminali di Mussolini e Farinacci. L'aspetto ulteriormente aberrante è che all'adunata – va da sé non autorizzata dal sindaco – partecipano silenti gli agenti della Digos, carabinieri e polizia locale. Ecco la ricostruzione de «La Provincia» di Cremona:

> Austriaco di nascita, trevigiano d'adozione, don Floriano Abrahamowicz, prete lefebvriano negazionista, in passato ha fatto molto parlare di sé. Per le sue dichiarazioni choc sulle camere a gas naziste («So che sono servite a disinfettare, ma non so se vi è stato effettivamente ucciso qualcuno»). Per aver definito «una cloaca» il Concilio Vaticano II, gettando i testi tra le fiamme. E per aver celebrato, a Verona, una messa per l'ex SS Priebke. Oggi era annunciata la sua presenza al cimitero per commemorare la morte di Benito Mussolini e di Roberto Farinacci, il ras di Cremona. Ma all'ultimo momento la sua partecipazione è saltata. Al raduno. Una trentina di militanti dell'ultra destra – organizzato dal Comitato onoranze funebri della Repubblica sociale italiana, anche stavol-

ta non autorizzato dal sindaco Gianluca Galimberti – a dare notizia dell'assenza del prete è stato Gian Alberto D'Angelo, portavoce del Comitato. Davanti alla cappella del campo santo dice: «All'ultimo momento don Floriano ha avuto una malattia molto sospetta. Io sono stato contattato dalla Digos che mi diceva per quale motivo don Floriano sarebbe venuto a celebrare la funzione. Ho risposto che non avrei certamente chiesto a don Floriano di starsene a casa sua e di proibire ai nostri caduti di avere una funzione. Combinazione, alle 8.30 mi dice che non può venire. Io non voglio accusare nessuno». Ma D'Angelo l'accusa la lancia contro il sindaco Galimberti. «Un sindaco fazioso che proibisce tutto». Poi, il suo «grazie per essere qui nonostante la pandemia e i divieti». La Digos ha negato la ricostruzione di D'Angelo.

Buona catastrofe.

Conclusioni. Come salvarsi dalla catastrofe

Beghe da cortile & pippe mentali

Sarebbe bello tornare a ragionare senza paraocchi e atteggiamenti ultrà, ragazzi. Anzitutto in politica. E sarebbe bello anche ammettere che Pd e M5S, laddove si sono presentati disuniti, hanno avuto (per colpe da dividere equamente) un atteggiamento scellerato e suicida. A Roma serviva un candidato unitario (il nome ditemelo voi), a Torino serviva un candidato unitario (di sicuro non il renziano che poi ha vinto). In Calabria occorreva evitare il frazionamento a sinistra con la presenza in stile Masaniello di De Magistris. Eccetera.

Bisognerebbe ripartire da Gaetano Manfredi, il nuovo sindaco di Napoli, eletto con percentuali bulgare. Era stato anche ministro (dell'Università) nel governo Conte II. Il suo successo, come quello di Lepore a Bologna, dice che la strada per sconfiggere la destra è quella: unirsi e farlo con convinzione, girando ovviamente alla larga dai Renzi e dai Calenda (chiedo scusa per la ripetizione).

Il trionfo di Manfredi a Napoli è anche una lezione per Pd, M5S, sinistra più o meno radicale, sardine, eccetera. Volete unirvi d'ora in poi o volete farvi stupidamente la guerra?

Non so voi, ma io mi sarei rotto i coglioni di vedere fratture a sinistra (e affini) che hanno l'unico scopo di far vincere la destra. Vediamo di crescere e di fare squadra, una volta per tutte. O vinceranno quelli lì.

Cerchiamo di finirla con le beghe da cortile. Alleanza, candidati belli, programmi chiari e via andare. Tutto il resto son seghe mentali, talebanismi scemi e regali a questa destra quasi sempre terrificante.

Hasta Hassan siempre

Non so se conoscete la storia di Nassan Nourdine. Si fa chiamare "El Tiburón" (lo squalo) ed è il portacolori della Skull Boxe Canavesana di Asti.

Sabato 18 settembre 2021, PalaChiarbola di Trieste. Michele Broili e Hassan Nourdine si sfidano per il titolo italiano dei superpiuma. Broili si presenta al match come si presenta da sempre, solo che fino a quel giorno avevano fatto tutti finta di non vedere: largamente ricoperto di tatuaggi con simboli legati al nazismo o inneggianti a esso. Dal *Totenkopf*, la cosiddetta testa di morto riferita al gruppo paramilitare di custodia dei campi di concentramento, al simbolo delle SS, passando per il numero 88 (legato alla doppia H delle iniziali di Hitler) e il castello con scritta "Ritorno a Camelot", il nome del raduno quinquennale organizzato dal Veneto Fronte Skinheads.

Hassan Nourdine ha 34 anni, è italiano e vive ad Asti, ma le sue origini sono marocchine. Vedendo quella scena indegna, ha uno stimolo in più. E vince il match, conquistando titolo e gloria. Dopo il match, quando l'incontro andrà ben oltre l'effettivo valore agonistico, Nourdine rilascia un'intervista a «Vice»:

> La stragrande maggioranza dei pugili ha anche altri lavori. Io da 13 anni, da quando mi sono diplomato, faccio l'operaio in un'azienda, la Maina Spa. Oltre a quello cerco di incastrare un po' tutto – gli impegni sportivi, lavorativi e familiari. Non sapevo dei tatuaggi di Broili prima del match. C'era qualche voce nell'ambiente sul fatto che fosse di estrema destra, ma ci siamo concentrati sul pugilato. Ci è sempre interessato solo lo sport e mai l'appartenenza politica di una persona. Durante la pesatura il giorno prima dell'incontro, però, abbiamo notato questi segni con un po' di sgomento. Non abbiamo fatto nessun commento, anche se siamo rimasti allibiti dal fatto che fosse tappezzato di quei tatuaggi. [...] Vedendo quelle cose lì ho provato vergogna. Chi ha letto un libro di storia, o anche solo mezza pagina, non può che provare disgusto per quello che il nazismo ha causato all'umanità. Quando si combatte è difficile capire cosa succede fuori dal ring. Finito il match mi hanno detto che sì, hanno fatto i saluti romani – io sinceramente non li ho visti.

Poi la parte chiave:

> È una doppia vittoria. Ho conquistato il titolo con più orgoglio, con più soddisfazione. Chiunque vince contro queste ideologie ne deve andare fiero, perché è come se vincesse due battaglie in una. Quindi ne vado doppiamente fiero.

Ecco, ora pensate a quel che è capitato a Hassan: sconfiggere sul campo, togliendosi pure lo sfizio di caricarlo di legnate (nel pieno rispetto delle regole), un nazistone. Praticamente Nourdine ha vissuto e realizzato il sogno di noi tutti.

Secondo me, uscendo dal campo della boxe ed entrando nel non meno violento agone politico, dovremmo ispirarci a lui.

Hasta Hassan siempre!

Manuale di resistenza
Come salvarsi dalla catastrofe

Cosa possiamo fare per sconfiggere questa destraccia qua? Qualcosa possiamo.

1. *Fare squadra*. Non è tempo di distinguo e pippe mentali talebane. La politica è mediazione e la storia è fatta di battaglie primarie. Ora la battaglia è sconfiggere questa destra. Punto. Se poi Pd, M5S e derivati non vedono l'ora di tornare a scannarsi, lo facciano. Ma solo dopo aver disinnescato e sconfitto democraticamente questi fascistoni.

2. *Coltivare l'arte di indignarsi*. Nulla potrà salvarci se nel frattempo ci saremo spenti. Magari senza neanche accorgercene. Tutto sembra accaderci davanti senza suscitare in noi alcuna reazione. Senza indignazione siamo nulla. E i fascistoni vogliono proprio quello.

3. *Turarsi il naso quando tocca farlo*. Lo so: questo punto vi farà arrabbiare. Ma la politica è anche e soprattutto questo: sangue e merda, come diceva Rino Formica. Qualcosa di schi-

foso che fa male alla pelle, come diceva Giorgio Gaber. Qualcosa che impone il pragmatismo. La politica è quasi sempre scegliere il meno peggio. Non è il massimo come prospettiva, ma a volte il meno peggio può divenire qualcosa di pienamente bello. Mentre il peggio può solo incancrenirsi e imputridire ulteriormente.

4. *Avere memoria.* Una delle differenze tra fascisti e democratici è che i secondi coltivano la memoria. E per questo conoscono le depravazioni della storia.

5. *Esigere candidati seri.* Turarsi il naso sì, accettare di tutto no. Non appena vedete "quelli buoni" brandire come unico motivo per votarli il terrore del fascismo, rispondetegli che anche un lombrico morto è migliore di un fascista. Ma – senza per forza arrivare ai livelli di Pertini o Berlinguer – presentare alle elezioni dei Renzi o Calenda come partigiani ipotetici è un po' poco per giustificare cortei.

6. *Informarsi.* Il fascismo prolifera nell'ignoranza. Informatevi, sempre: è faticoso, frustrante e pure doloroso. Ma è anche salvifico.

7. *Andare oltre le antipatie personali.* Il Pd vi sta antipatico? I 5Stelle vi stanno antipatici? Bene: non andateci a cena. Ma non vi fate condizionare dalle simpatie personali quando apponete quella benedetta e maledetta crocetta nel segreto dell'urna.

8. *Sognare quando si può, votare quando si deve.* Che è poi il senso – terribile e per certi aspetti meraviglioso – della politica.

9. *Schierarsi sempre, astenersi mai.* Diffidate degli equilibristi, dei cerchiobottisti e degli imparziali. Chi si dichiara

imparziale è solo un paraculo. I più grandi della storia erano eccome "schierati", da Michelangelo a Pasolini. Chi non si schiera è colpevole. Chi si astiene è complice.

10. *Fare squadra.* L'ho già detto, ma lo ripeto. O si uniscono Pd, 5Stelle, sinistra più o meno radicale, sardine, venusiani e marziani (ove democratici), o non ne usciamo più.

Proviamoci.

Indice

Finito di stampare nel mese di novembre 2021
presso Puntoweb Srl - Ariccia (RM)